TOSKANISCHE GÄRTEN

Ethne Clarke / Raffaello Bencini

TOSKANISCHE GÄRTEN

Blütenzauber unter südlicher Sonne

Viel Freude am „Un-Ruhestand",
viele nette Begegnungen bei künftigen
Aktivitäten und jeden Tag einen Sonnenstrahl

wünscht Ihnen
22.1.08

Gerstenberg Verlag

Danke für viele nette „Feierabendgespräche"

Abb. S. 1: Collazzi bei Florenz (vgl. S. 74)

Abb. S. 2: Das Castello di Uzzano (vgl. S. 22–25)

Ich widme dieses Buch Rosemary, die aus mir eine Gartenliebhaberin gemacht hat.

Ethne Clarke
Norfolk, Januar 1990

Die Deutsche Bibliothek – CIP-Einheitsaufnahme

Toskanische Gärten : Blütenzauber unter südlicher Sonne /
Ethne Clarke ; Raffaello Bencini. Aus dem Engl. übertr. von
Heinz Siedler. – 1. Aufl. –
Hildesheim : Gerstenberg, 1991
Einheitssacht.: The gardens of Tuscany <dt.>
ISBN 3-8067-2065-7
NE: Clarke, Ethne; Bencini, Raffaello; EST

1. Auflage 1991
Aus dem Englischen übertragen von Heinz Siedler
Die Originalausgabe erschien unter dem Titel Ethne Clarke / Raffaello Bencini,
„The Gardens of Tuscany“ bei George Weidenfeld & Nicolson Ltd., 91 Clapham
High Street, London SW4 7TA.

ISBN 3-8067-2065-7

Inhalt

Danksagungen

Folgenden Damen und Herren danken wir vielmals dafür, daß wir ihre Gärten fotografieren und stets mit großzügiger Unterstützung rechnen durften:

Principe und Principessa Torrigiani-Colonna (Villa Torrigiani); Principessa Giorgiana Corsini; Marchese Torrigiani di Santa Cristina und Marchese Torrigiani Malaspina (Giardino Torrigiani); Contessa Thea Brughiere; Conte Giovanni Guicciardini; Conti Castelbarco Albani Masetti und Marion de Jacobert; Conti Ginori Lisci; Barone Giovanni Ricasoli; Sir Harold Acton; Rev. Donald Freeze; S. J. Provost, Georgetown University; Notaro Giovanni Guiso; Frau Heidi Boardman; Signora Fiorella Superbi und dem Harvard Centre for Renaissance Studies; Signora Anna Marchi Mazzini; Signora Barbara Benelli; Signora Luiga Benelli Bellandi; Signor und Signora Scarselli; Signor Giulio Petroni und Signora Loredana Lenzi; Signora Marie Louise Schoharl; Familie Nieuwenkamp-Bramante; Herrn Teddy Millington-Drake; Fratelli Masini s.n.c., Societa Metallurgica Italiana; The Garden Club of Florence.
Besonderer Dank gebührt Signor Giorgio Calligaris sowie den vielen gastfreundlichen Bekannten von Brenda und Raffaello, die uns wertvolle Kontakte vermittelten und Ratschläge gaben.

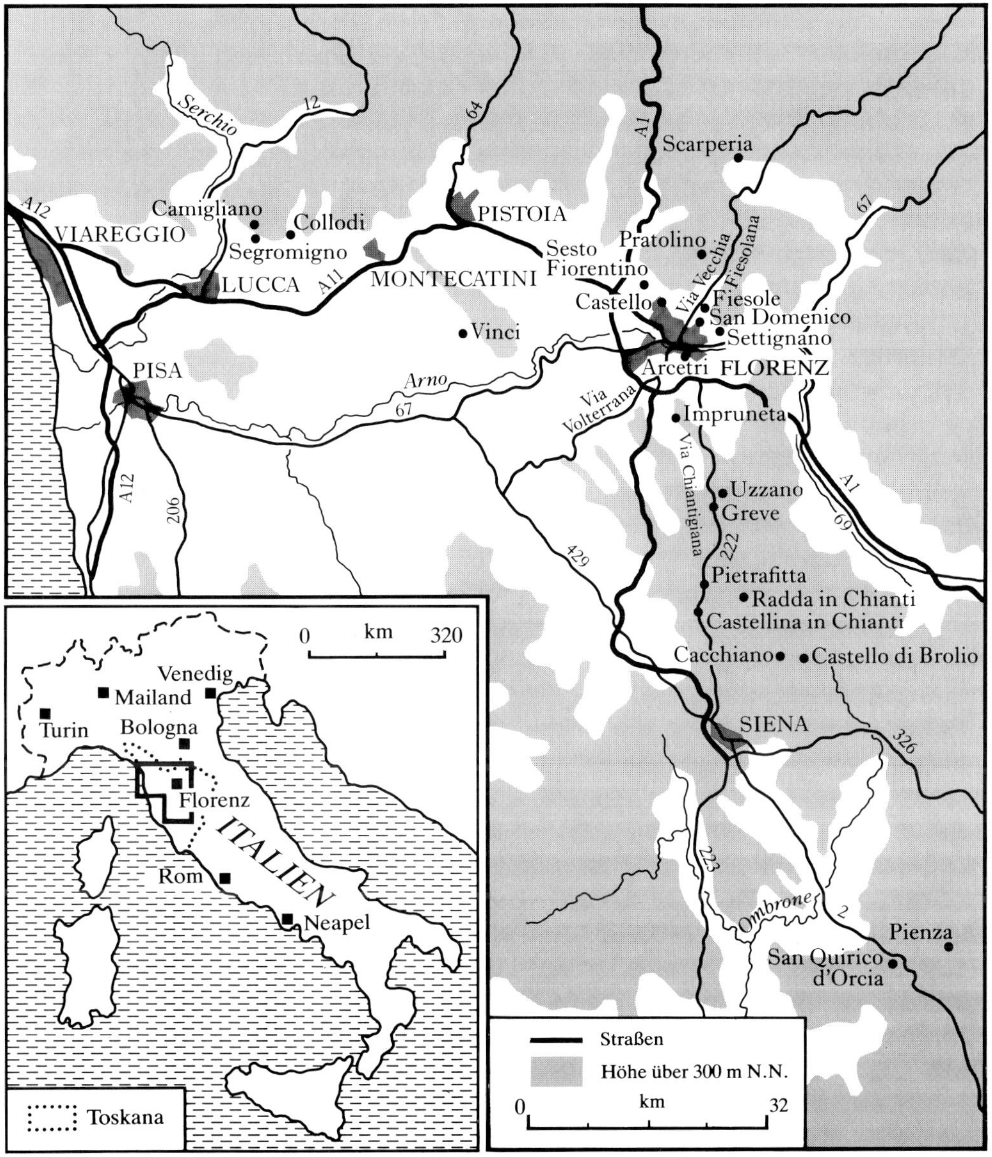

Serchio
12
64
A1
Scarperia
67
A12
VIAREGGIO
Camigliano
Collodi
Segromigno
PISTOIA
Sesto
Fiorentino
Pratolino
Via Vecchia
Fiesolana
LUCCA
A11
MONTECATINI
Castello
Fiesole
San Domenico
Settignano
Vinci
PISA
Arno
Arcetri
FLORENZ
67
Via Volterrana
Impruneta
Via Chiantigiana
A12
206
Uzzano
Greve
A1
69
429
222
Pietrafitta
Radda in Chianti
Castellina in Chianti
Cacchiano
Castello di Brolio
SIENA
326
223
Ombrone
2
Pienza
San Quirico
d'Orcia
Straßen
Höhe über 300 m N.N.
0
km
32
0
km
320
Venedig
Mailand
Turin
Bologna
Florenz
ITALIEN
Rom
Neapel
Toskana

Vorwort

Villa Palmieri
Fiesole

Im viktorianischen Garten der Villa Palmieri, der hier von der Terrasse aus fotografiert ist, befinden sich ein Schwimmbad mit höher gelegener *Loggetta*, sowie ein Tennisplatz, zu dem man durch einen Laubengang mit üppig wachsender *Rosa banksiae* „Lutea" gelangt. Das Grundstück enthält außerdem eine weitere, kleinere Villa, deren Gartenanlagen von dem zeitgenössischen Landschaftsarchitekten Pietro Porcinai entworfen wurden: In vier getrennten Abteilungen erhält man dort einen Überblick über die Hauptstilrichtungen der Architektur und Landschaftsgestaltung von der Renaissance bis zur Gegenwart. (s. auch S. 107–110)

Die Gartenliebhaberin Ethne Clarke verfügt über eine solidere Kenntnis der Gehölze und Blumen als die meisten von uns und kann daher in bewundernswerter Weise den eigentümlichen Zauber heraufbeschwören, der von den Gärten der Toskana ausgeht – ein Zauber, der seit Kindestagen eine große Rolle in meinem Leben gespielt hat.

Es ist nicht von der Hand zu weisen, daß Damen eine ausgeprägtere Empfänglichkeit für die besondere Atmosphäre der italienischen Gärten haben als Männer. Man braucht nur an Janet Ross, an Edith Wharton, Vernon Lee (Violet Paget) und Georgina Masson zu denken – die Vorgängerinnen der Autorin zu einer Zeit, als das Reisen noch mühsam war und die Straßen zu den toskanischen Villen sich nicht in einem besonders gepflegten Zustand befanden. Edith Wharton widmete ihr schwungvolles Buch „Italienische Villengärten" (1904) der eben genannten Vernon Lee, da diese „tiefer als irgend jemand sonst den Zauber der Gärten Italiens empfunden und interpretiert" habe. Ich trete ihrer Nachfolgerin Ethne Clarke nicht zu nahe, wenn ich feststelle, daß diese Bemerkung – von damals aus gesehen – noch heute stimmt.

Italienische Gärten wirken vor allem durch ihre der Architektur nachempfundene Struktur. Es dauert daher viele Jahre, bis sie ihre charakteristische Form entwickelt haben, und man kann diese nur voll würdigen, wenn man sich für ihre Betrachtung Zeit läßt. Leider sind die meisten ausländischen Besucher immer in schrecklicher Eile. Sie kommen mit ihren Kameras, die oft nichts anderes als ein automatisierter Ersatz für das Anschauungsvermögen sind, knipsen den Film ab und verschwinden in dem Bewußtsein, eine weitere Sehenswürdigkeit „abgehakt" zu haben.

Ähnlich wie Edith Wharton und Vernon Lee am Anfang dieses Jahrhunderts hat Ethne Clarke die schönsten privaten und öffentlichen Gärten der Toskana besucht. Diese sind, wie bereits Vernon Lee feststellte, in hohem Maße unabhängig von dem, was man als das Gärtnerische im Menschen bezeichnen könnte. Aber die Schriftstellerin ging zu weit mit ihrer Bemerkung, daß „Gärten nichts, beziehungsweise nicht viel mit der Natur gemein" hätten. Ethne Clarke rückt dieses kuriose Paradox in ihrer sorgfältigen Darstellung der toskanischen Gärten zurecht. Sie macht darauf aufmerksam, daß noch heute alte Bauerngehöfte in der Toskana von Engländern restauriert werden, wie zum Beispiel in Cacchiano (s. S. 26–28), wo ganze Terrassen „dicht mit Iris und Lavendel bepflanzt" sind und wo es „Staudenrabatten voll silberlaubiger Halbsträucher wie Brandkraut (*Phlomis*), Kreuzkraut (*Senecio*), Zistrosen und Salbei mit dazwischen gepflanzten rosafarbenen Rosen" gibt.

Die frühen Medici, die sich mit ihrer Heimat eng verbunden fühlten, legten wunderbare Gärten in ihren Landsitzen Cafaggiolo, Careggi, Castello, Petraia, Poggio a Caiano und später in Pratolino an. Die meisten hat Giuseppe Zocchi im 18. Jahrhundert anschaulich in Kupfer gestochen; leider haben nur wenige ihren Charme unverfälscht bis in unsere Tage retten können. Die Mehrzahl der genannten Gärten gehört zu den Glanzlichtern des alten Florenz, das durch die Vorherrschaft der Familie Medici geprägt war. Einige wichtige Gärten liegen auch in der Umgebung von Lucca, der Stadt, die sich einer – in Italien ungewöhnlichen – jahrhundertelangen Unabhängigkeit erfreute. Die dortige Kulturlandschaft hat sich seit dem Besuch Montaignes im 16. Jahrhundert kaum verändert, aber von den Gärten haben nur die der Villen Mansi und Torrigiano fast originalgetreu die Zeit überlebt. In Pistoia wird der alte Blumenmarkt noch beschickt, und die herrliche Villa Garzoni in Collodi bei Pescia begeistert den Besucher mit dem terrassierten Abhang und der Unzahl von Wasserspielen, die den Ahnungslosen naßspritzen, wenn er es am wenigsten erwartet.

Von den Villen in der Nähe der Stadt Florenz gebührt meines Erachtens dem Kleinod Gamberaia bei Settignano die Krone. Das Anwesen liegt gegenüber von Bernard Berensons wiederhergestellter Villa I Tatti, die er der Universität Harvard für Studenten der Kunstgeschichte vermacht hat. Die Villa Gamberaia gehörte der Familie Gambarelli (die übrigens im 15. Jahrhundert die berühmten Bildhauer-Architekten Antonio und Bernardo Rossellino hervorbrachte) und ging im 18. Jahrhundert in die Hände der Familie Capponi über. Damals fertigte Giuseppe Zocchi einen Stich von der Villa an, vergaß aber leider den Garten zu dokumentieren, so daß später Prinzessin Ghika, die Schwester der Königin Natalie von Serbien, es unwidersprochen wagen konnte, die Anlagen zu verändern und die Bassins im Parterre mit langschwänzigen chinesischen Goldfischen (!) zu besetzen. Haus und Garten wurden im zweiten Weltkrieg furchtbar verwüstet, aber der Besitzer, Dr. Marchi, hat das Anwesen von Grund auf restaurieren lassen. Man kann daher Georgina Massons Ansicht nur beipflichten, daß „der Garten heutzutage der schönste und zugleich am typischsten toskanische ist, den die Verfasserin gesehen hat."

Der Geist Boccaccios ist noch immer in der Villa Palmieri zu spüren, die im 14. Jahrhundert ein Zufluchtsort vor der tödlichen Pest war und heute Schutz vor dem dröhnenden Verkehrslärm bietet. Im Jahre 1454 kaufte Matteo Palmieri, der berühmte Gelehrte und Freund von Cosimo de' Medici dem Älteren, das Anwesen. Seitdem ist die Villa ein geistiges Zentrum der Toskana. Im 18. Jahrhundert gehörte sie dem weltmännischen Earl of Cowper; danach ging sie in den Besitz des Earl of Crawford and Balcarres über. Als Königin Viktoria Florenz zu ihrem bevorzugten Erholungsort machte, gab es hier eine stattliche englische Kolonie. Diese ist jedoch infolge der beiden Weltkriege stark geschrumpft. Zwei englische Architekten, Cecil Pinsent und Geoffrey Scott, restaurierten, als Nachhut gleichsam, die Gärten der Villen I Tatti und Le Balze.

Die Villa Medici, die 1458 bis 1461 am Abhang von Fiesole erbaut wurde und einen einzigartigen Blick auf Florenz gewährt, hat sich seit ihrer Entstehung so gut wie nicht verändert. Man kann sich daher noch heute mühelos die Gesprächsrunde von Lorenzo il Magnifico und seinen Freunden von der Platonischen Akademie vorstellen, die sich auf der mit frischem Grün geschmückten Terrasse zusammenfand.

Es hat mich tief bewegt, als ich in Ethne Clarkes anschaulichem Buch die Bemerkung fand, daß die Villen und Gärten der Toskana „selbst im Zustand des Verfalls ... manchem kühlen Mitteleuropäer das Herz höher schlagen lassen". Während ich ihre einfühlsamen Beschreibungen las, erfüllte mich die alte Begeisterung wieder, die ich immer verspüre, wenn ich die abgeschiedenen Wohnsitze an einem strahlenden Sonntag oder bei Mondlicht im Herbst erlebe. Selbst die obstinatesten Stubenhocker werden der Verlockung nicht widerstehen können, in Ethne Clarkes Fußstapfen zu treten. Das traumhaft schöne Farbenspiel, das man in der Toskana zu allen Jahreszeiten genießen kann, wird sie genau so überraschen wie die unvermuteten „Duschen", denen man sich in der 350 Jahre alten Villa Collodi aussetzt.

Harold Acton

(Anm. d. Übersetzers: Sir Harold Acton ist der Verfasser des Standardwerkes „Die Villen der Toskana" und Besitzer der Villa La Pietra in Florenz [s. S. 135ff.], die sein Vater ab 1904 im Renaissancestil restaurieren ließ.)

Einleitung

I Tatti
Settignano

Die Gartenanlagen von I Tatti fügen sich vollendet in die Umgebung ein und enthalten keinerlei unnötige Details. Der künstlerisch vielseitig begabte Architekt Cecil Pinsent hat das Muster der Buchsbaumhecken und das traditionelle Mosaik der Pflasterwege harmonisch aufeinander abgestimmt, indem er das Parterre an Stelle von farbenfrohen Blumen mit einfachem Gras bepflanzte. Auf der niedrigsten Terrassenebene wird die Gleichförmigkeit geschickt durch zwei rechteckige Becken gemildert, auf deren Wasseroberfläche sich der azurblaue Himmel spiegeln kann. (s. auch S. 123–128)

Meine Urgroßmutter Emma Reuss war eine Globetrotterin. Zu einer Zeit, als die meisten Frauen ihrer Generation zaghaft begannen, sich aus den Korsettstangen der Tradition zu befreien, hatte sie bereits die Erde umrundet. Sie besichtigte fast ganz Europa, reiste dann nach Japan und versuchte anschließend, sich in Brasilien niederzulassen. Dort heiratete sie einen deutschen Grafen und verlor ihr ganzes Vermögen, als ihr Mann sich auf das Abenteuer einließ, Orangen in der Gegend von Rio de Janeiro anzubauen.

Emma zog gegen Ende ihres Lebens nach Milwaukee, Wisconsin, und blätterte dort in den Alben mit den Ansichtspostkarten, die sie auf ihren Reisen erstanden hatte. Wenn sie ihre Tanzkarten von den Bordfesten der Ozeandampfer durchmusterte, ließ sie auch die mit Ziermünzen benähten Fächer aufschnappen, mit denen sie früher kokettiert hatte, und erzeugte damit stets eine Staubwolke. Anschließend widmete sie sich sehnsuchtsvollen Blickes dem Herbarium mit den Blättern, den Blüten, Moosen und Farnen, die sie in den verschiedenen Weltgegenden gesammelt hatte. Ich habe dieses Album geerbt und betrachte immer wieder einmal die Seiten, die ich für die schönsten halte, nämlich diejenigen, auf die meine Urgroßmutter mit Akkuratesse ihre Erinnerungen an Florenz, an Siena, Lucca und Fiesole geklebt hat: brüchige Sträußchen mit gelben Jasminblüten, Olivenblätter, Veilchen, Zyklamen, winzige Banks-Rosen, Nadeln der Schirmpinie und Zypressenzweige – anrührende Zeugnisse der unvergänglichen Schönheit toskanischer Gärten.

Emmas Wanderlust ist auf mich übergegangen, und so ist wohl nicht verwunderlich, daß die erwähnten Seiten ihres Herbariums in mir vor einigen Jahren den Wunsch weckten, die Gärten der toskanischen Renaissance mit eigenen Augen kennenzulernen und gemeinsam mit meiner Familie eine ausgedehnte Besichtigungsreise dorthin zu unternehmen. Es war Liebe auf den ersten Blick. Es war gleichzeitig eine Offenbarung! Man kann Georgina Massons kenntnisreiche Ausführungen in ihrem Buch „Italienische Gärten“ (1961) und die Grundrisse in Sir Geoffrey Jellicoes frühem Werk „Italienische Gärten der Renaissance“ (1925) noch so sorgfältig studieren – die unendliche Vielfalt der toskanischen Landschaft und die einzigartige Schönheit der Gärten, die sich von dem Charakter der ihnen benachbarten Städte Lucca, Siena und Florenz herleiten, kann man nur durch eigene Anschauung erfahren.

In diesem Buch habe ich jeder der drei bedeutenden Städte ein Kapitel gewidmet und versuche darin, meinen Eindruck von der besonderen Eigenart dieser urbanen Zentren sowie von dem Genius loci der Gärten in ihrer Umgebung zu vermitteln.

Die Landschaft der Toskana hat eine beeindruckende Zahl bisher unerreichter Meisterwerke der Kunst hervorgebracht, und seit 500 Jahren drücken diese der westlichen Kultur ihren Stempel auf. Daher strömen so viele Touristen hierher. Florenz, Lucca und Siena ersticken zeitweilig geradezu an den Massen der Besucher, die Zutritt zu den berühmten Kunstwerken begehren. Aber die Dome und die Altarbilder Ghirlandaios sind nicht das einzige, was die Toskana zu bieten hat. Die kühlen, würzig duftenden Abhänge in der Umgebung der herrlichen Städte sind mit Villen übersät, die von den Adelsfamilien der Renaissance als Landsitze erbaut wurden und zugleich Zufluchtsorte vor der drückenden Sommerhitze wie auch vor den tückischen Machenschaften der Hofintrige waren. Um die Heiterkeit der ländlichen Umgebung noch zu steigern, legten die Adligen kunstvolle Gärten an, in denen grasbewachsene Spazierwege durch schattige Laubengänge zu sonnenbeschienenen Terrassen führten und Orangen- und Zitronenbäume in gewaltigen Terrakottakübeln Duft verbreiteten. Wasserspiele in Form von Fontänen oder Kaskaden lieferten die Hintergrundmusik, und stille Wasserbecken legten den Hausbewohnern einen Teppich aus reflektiertem Himmelspanorama zu Füßen.

Will man das Italien kennenlernen, das den meisten Touristen vorenthalten bleibt, dann geht nichts über den Besuch eines toskanischen Villengartens. Als Edith Wharton im Jahre 1903 an ihrem Buch arbeitete, stöhnte sie darüber, daß es so schwierig sei, die Villen aufzuspüren und dann zu ihnen zu gelangen – bis sie sich des damals noch ganz ungewohnten Autos bediente. Heutzutage offeriert das Busunternehmen Agriturist Exkursionen zu privaten und öffentlichen Gärten; aber, wie schon Edith erfuhr, ist es immer noch am günstigsten, wenn man ein Auto mietet. Benutzt man die Autobahn von Lucca oder Siena nach Florenz, dann lernt man aus erster Hand die Vorliebe der Italiener für bühnenwirksame Streckeninszenierung kennen; zieht man dagegen die kurvenreichen, staubigen Chausseen vor, dann kann man die Landschaft genießen und den Einfallsreichtum der italienischen Gärtner entdecken.

Selbst bei schlichten Stadthäusern ist der Garten so angelegt, daß er alle Bedürfnisse der Bewohner befriedigt: Die mit Wein bewachsene Pergola sorgt für erholsamen Schatten; Blumen und Gemüse wachsen zwanglos nebeneinander; in Blumenkästen, Kübeln und Töpfen aller Art ziehen die Stadtbewohner Basilikum, Tomaten, Rosen, Oleander und Lorbeerbäumchen und tragen auf diese Weise zur Fortsetzung der traditionsreichen italienischen Gartenkunst bei.

Eine beträchtliche Zahl der privaten Villengärten kann man besichtigen; aber die Besitzer machen diese Tatsache nicht publik, so daß man oft der einzige Besucher ist. Am Tor entrichtet man das Eintrittsgeld und kann dann – außer in der Mittagspause von 12 bis 14 Uhr – ungestört die Eleganz der Anlagen genießen.

Natürlich darf man keine üppigen Staudenrabatten oder ornamental angelegten Rosengärten erwarten. Ein solcher Gartentyp paßt nicht zu dem Klima Italiens. Blumen haben nur dienende Funktion in den kunstvollen Parterres, denn die Italiener betrachten die Villengärten als eine Erweiterung des Wohnhauses, d. h. als zusätzliche Zimmer, deren Wände aus Hecken oder Kolonaden und deren Flächen aus Parterres beziehungsweise Terrassen bestehen. Vom Wohnhaus am Abhang des Hügels schweift das Auge zu weit entfernten Städten, und sowohl die Alleen als auch die Grenzbepflanzung sind so angelegt, daß der Panoramablick noch eindrucksvoller wird. Die Kontraste von Licht und Schatten, von sonnenüberfluteten Terrassen und kühlen Laubengängen erzeugen eine reizvolle rhythmische Bewegung, während ruhendes oder bewegtes Wasser das Bindeglied zwischen den Teilen bildet. Diese charakteristischen Elemente der toskanischen Villengärten werden seit dem 16. Jahrhundert von westlichen Gartenarchitekten nachgeahmt und tauchen in einer Vielzahl von Gärten in Europa und Amerika wieder auf.

Ich lege dieses Buch in der Hoffnung vor, daß die unendliche Vielfalt der toskanischen Gärten – von den eindrucksvollsten bis zu den bescheidensten, vom herzoglichen Palast bis zum Kloster oder Bauerngehöft – die Phantasie der Gartenliebhaber in Stadt und Land beflügelt, und wünsche mir, daß meine Ausführungen der wachsenden Zahl von Nordeuropäern und Amerikanern dienlich ist, die ein Grundstück in der Toskana erworben haben und sich nun fragen, wie man im Mittelmeerklima einen Garten anlegen soll.

Siena

Bei Brolio

In der Hügellandschaft von Chianti, dem berühmtesten Gebiet der Toskana, bilden Olivenhaine und Weinberge ein Rippenmuster auf den sanften Abhängen. Das Olivenöl dieser Region wird sehr geschätzt, da es leichter als die kräftigen Öle von Lucca ist. 1985 fielen 90% der Ölbäume den starken Frösten zum Opfer. Drei Jahre später begannen die Neuanpflanzungen bereits die Lücken zu füllen. Es handelt sich um vier Hauptvarietäten: Frantoio (die feinste Olive), Leccino und Moraiolo sowie Pendolino, eine Varietät, die in jedem Hain als Pollenspender dient. Die Ernte beginnt im Oktober. Das Fruchtfleisch der Olive wird vom Kern gelöst und sofort gepreßt. Viele Chianti-*Fattorie* beliefern den Markt sowohl mit Wein als auch mit Öl.

Die Toskaner legten ihre Städte auf Hügelkuppen an, um sie nach dem Fall des römischen Weltreichs leichter gegen die Barbaren verteidigen zu können. Die frühen Einwohner dieser festungsartigen Siedlungen haben nicht voraussehen können, daß die von ihnen gestaltete Landschaft, insbesondere in dem Gebiet zwischen Florenz und Siena, eines Tages Menschen aus aller Welt anziehen würde.

Von allen toskanischen Städten gilt Siena unangefochten als die majestätischste. Unter dem Schutz der Stadtpatronin, der Himmelskönigin Maria, erstreckt sich die Stadt über drei Hügel. Jeder von diesen bildet eine *Terza,* d.h. eine selbständige Gemeinde, wird aber durch die Befestigungsanlagen, deren Mauern sich über Berg und Tal schlängeln, zur Gesamtstadt Siena zusammengefaßt. Innerhalb dieses Verteidigungsringes hat der mittelalterliche urbane Kern nahezu unbeschädigt die Zeiten überdauert.

Vom 12. bis 14. Jahrhundert gehörte Siena zu den wichtigsten Banken- und Wirtschaftszentren in Europa, und das, obwohl es „in sich gespalten war und unvernünftiger regiert wurde als alle anderen italienischen Städte", wie ein Historiker schrieb. Frühe Versuche, eine planvoll lenkende und erfolgreich wirkende republikanische Regierung zu schaffen, führten dagegen zu unstabilen politischen Verhältnissen. Die Stadt wurde von Feinden besetzt und litt unter Aufständen sowie anmaßenden Diktatoren, bis sie sich schließlich im Jahre 1555 Kaiser Karl V. unterwarf und ihre Unabhängigkeit verlor. Zwei Jahre später wurde sie an Florenz verkauft, und Cosimo de' Medici ließ sein Wappen am Palazzo Pubblico anbringen. Damit begann eine verhältnismäßig friedliche Periode, während der die *Castellos* und befestigten Landsitze in der Umgebung Sienas sich die verfeinerte humanistische Kultur von Florenz aneigneten.

Sienas Motto *„Cor magis tibi Sena pandit"* (Siena öffnet dir sein Herz) hat den Nebeneffekt, daß die Stadt an sämtlichen Wochentagen vom Frühling bis zum Spätherbst verstopft ist. Nur sonntags, wenn die Läden geschlossen sind, kann der Besucher die Sehenswürdigkeiten in Ruhe genießen. Allerdings muß eingeräumt werden, daß der Reichtum der Stadt an Kunstwerken und kulturellen Ereignissen so überwältigend ist, daß sich auch dann Scharen von Touristen vor den Gemälden der Sieneser Malerschule des späten 12. bis späten 14. Jahrhunderts drängen.

Eine geistig anspruchslosere, aber nicht weniger berühmte Attraktion ist der alljährliche *Palio,* das todesmutige Pferderennen ohne Sattel rund um die *Piazza del Campo* am 2. Juli und 16. August. Reiter, Standartenträger, Trommler und die anderen Teilnehmer sind in Kostüme des 17. Jahrhunderts gekleidet, und zwar in die leuchtenden Farben der jeweiligen *Contrada,* d.h. ihrer Kirchengemeinde in der *Terza.* Während die Trommeln geschlagen werden und die Standartenträger ihre Banner hoch in die Luft wirbeln, bewegt sich die Prozession der Pferde zunächst auf die Kirche der *Contrada* zu. Bleigewichte an den Fahnenstangen bewirken, daß die Banner ordnungsgemäß zurückkehren und sicher aufgefangen werden können. Begleitet man einen der Festzüge durch die engen Straßen mit den anmutigen gotischen Häuserfassaden, dann fühlt man sich unmittelbar in das Mittelalter zurückversetzt.

Alle Straßen scheinen auf die Piazza del Campo, die weite offene Fläche zwischen den drei Hügeln, zuzulaufen. Sie breitet sich wie eine Pellerine aus Pflastersteinen vor dem Palazzo Pubblico aus und wird an ihrer Rundung von Cafés, kleinen Restaurants und breiten Fluchten von flachen Stufen gesäumt, die auf den Platz hinunterführen. Hier kann man ausruhen, nachdem man den Torre del Mangia des Palazzo bestiegen und den Panoramablick auf Siena genossen hat. Sir Harold Acton stellt in seinem Lobgesang auf Siena nicht ohne Humor fest, daß die Stadt, „dieser Vorposten mittelalterlicher Zivilisation, ein Vorbild für alle Stadtplaner geworden ist, nachdem die Ratsherren den Autoverkehr aus dem historischen Zentrum verbannt haben. Es erfüllt mich mit tiefer Befriedigung – selbst wenn ich in einen anderen Erdteil verreist bin – zu wissen, daß dieser einzigartige Campo nicht als Parkplatz benutzt wird." Verweilen Sie bis kurz vor Sonnenuntergang auf dem Platz und begeben Sie sich dann nach der Kathedrale, Sienas zweitem bedeutendem Beitrag zur Architektur. Wenn Sie eine Stunde lang geduldig das Spiel des Lichts auf dem reich verzierten Bauwerk – dieser Komposition aus rosafarbenem, grünem und weißem Marmor in unendlich vielen Streifen- und Zickzackmustern – beobachtet und es gedanklich in Verbindung mit dem Farbenfeuerwerk der herunterstürzenden Banner auf den *Contrade* gesetzt haben, dann können Sie die Hoffnungen und Ängste verstehen, die das Leben im Mittelalter bestimmt haben.

Später wird der Campo zum Zentrum des allabendlichen Rituals, des *Passaggio,* wie man früher das mittelalterliche Schaugepränge bezeichnete: Ganz Siena begibt sich nach dem Abendessen auf den Verdauungsspaziergang im kühlen Schatten. Vom kleinsten Wicht bis zur Großmutter am Stock promenieren die Familien zum Platz, alle in ihrer besten Kleidung – um zu sehen und gesehen zu werden, um Nachbarn und Freunden zu begegnen und Neuigkeiten auszutauschen.

In dem waldigen Gebiet zwischen Siena und Florenz boten die verstreut liegenden Burgen und befestigten Dörfer den einzigen Schutz vor herumstreunenden Briganten, unter denen die Landbevölkerung bis weit ins 18. Jahrhundert zu leiden hatte. Die amerikanische Schriftstellerin Vernon Lee, Edith Whartons Freundin und Mentorin, beschrieb die auf Verteidigung ausgerichteten Siedlungen wie folgt: „Der Streifen zwischen der äußeren und der inneren Befestigungsmauer wurde ganz gewiß nicht nur mit den Lilien oder Levkojen der Burgherrin bepflanzt. Salat und Wurzelgemüse, Zwiebeln und Lauch hatten hier zu wachsen; denn es war oft nicht leicht, das Gemüse aus den tiefergelegenen Dörfern heraufzuholen, besonders wenn Feinde die Gegend besetzt hielten oder entlassene Söldner plündernd durchzogen. Mithin gab es auch kaum Rosen, sondern Wein, Birnen und Äpfel an den Spalieren vor den Burgmauern."

In diesen frühesten Gärten hatte das Schmuckbedürfnis hinter der Nützlichkeit zurückzustehen, und noch heute scheint dieses aus der Not geborene Prinzip in der Erinnerung der Menschen fortzuwirken; denn die Gärten in diesem Teil der Toskana haben eine deutlich spürbare agrarische, utilitaristische Note. Blumen und ornamentale Einfassungen sind auf die geschützten Winkel innerhalb der ehemaligen Burgmauern beschränkt, und der *Bosco,* d.h. das wäldchenartige Areal, liegt – wenn es überhaupt vorhanden ist – in gebührender Entfernung vom Wohngebäude, denn es könnten ja Diebe und Mörder darin auf der Lauer liegen! Auf diese Weise erinnern die Gärten der Gegend um Siena weit mehr an frühmittelalterliche Anlagen als an die üppigen Barockerien der Paläste von Lucca und an die hübschen Parks beziehungsweise die maßvolle Raffinesse vieler humanistischer Paradiese der florentinischen Renaissance.

Die Verwandlung von Sienas mittelalterlichen Burgen in elegante Villen nach dem Geschmack von Florenz war fast ausschließlich das Werk eines einzigen Architekten, Baldassare Peruzzi (1481–1536). Seine Entwürfe auf dem Gebiet der Architektur und Landschaftsgestaltung zeichnen sich durch einen überaus verfeinerten Sinn für Proportion aus (s. auch das Bauerngehöft von L'Apparita, S. 29–31). Peruzzis einzigartige Leistung wurde nur von dem jüngeren Architekten und Landschaftsgestalter Vignola (1507–1573) übertroffen, der für die prächtigen Gartenanlagen der Villa Lante in Bagnaia bei Rom verantwortlich zeichnete.

In der Nähe von Radda

Längs der Mauern dieses alten Bauerngehöfts unmittelbar an der Landstraße zwischen Volpia und Radda wachsen sonnengelbe Iris und kirschrote Oxalis. Später im Jahr spendet das Blattwerk eines Weinstocks den erwünschten Schatten.

Pietrafitta

Die winzige Gemeinde, die nur aus einer Handvoll Bauernhäuser um eine schlichte Kirche besteht, weist einen verschwenderisch ausgestatteten, von Mauern geschützten Garten auf. Vor dem Hintergrund der waldbestandenen Hügel von Chianti teilen ihn Formschnitt-Buchsbäume und niedrige Hecken in vier Quadrate, die den dekorativen Raum für eine Sammlung von Statuen bilden. Dem Schöpfer dieser Anlagen ist eine Miniaturausgabe der großen Medici-Gärten von Florenz gelungen; denn er hat bewußt oder unbewußt das Grundprinzip der toskanischen Villengärten angewandt: eine formale Struktur, die dem weiten Blick auf die Landschaft einen Rahmen gibt.

Castello di Uzzano

Man kommt meist wegen der hervorragenden Weine und des ebenso guten Öls hierher, ohne zu ahnen, daß es einen ganz besonderen Garten des späten 18. Jahrhunderts zu entdecken gibt. Als Marion de Jacobert vor 60 Jahren die Anlagen restaurierte, bröckelten die Mauern, und die Struktur des Gartens war kaum noch zu erkennen. Nun führt der Weg wieder von den uralten Burgmauern durch das terrassierte Gelände den sanften Abhang hinunter, an zwei formalen Wasserbecken vorbei, nach dem *Bosco* aus Zypressen und Steineichen. Zunächst jedoch muß man den *Cortile,* einen Hof mit kühlen, efeuumwachsenen Kolonaden, durchqueren.

Das faszinierende Parterre besteht aus einer kompakten Masse von Zypressen, die schulterhoch geschnitten sind und mit Hilfe von schmalen Pfaden in geometrische Formen eingeteilt werden. Von hier aus führt ein von Schirmpinien und scheitelhohen Zypressen beschatteter Weg zu dem versteckt liegenden Senkgarten an der Peripherie (s. auch S. 2).

In den Anlagen des Castello di Uzzano wird das Auge unablässig von der Gegenüberstellung unterschiedlicher historischer Gartenstile gefesselt. Auf der Terrasse in der Nähe des Hauses stehen ausdrucksvolle Einzelexemplare der Blaufichte inmitten von Formschnittkegeln und Einfassungen aus Buchsbaum sowie diesem perfekt restaurierten Formschnittrad.

Unterhalb der „Terrasse der Immergrünen“ liegt der Senkgarten. Die warme Nachmittagssonne bescheint den kriechenden Thymian und die Lappenblumen, die sich hier ausgesät haben, und das Bienengesumme und Zirpen der Zikaden belebt die himmlische Abgeschiedenheit dieses köstlichen Fleckchens Erde.

Cacchiano

Der englische Eigentümer dieses restaurierten Bauerngehöfts hat die Stützmauern der früheren Weinbergterrassen zur Anlage eines Gartens im Cottagestil benutzt und mehrere Flächen dicht mit Iris und Lavendel bepflanzt, um eine langanhaltende Blühperiode mit leuchtenden Farben sicherzustellen. Außerdem finden sich hier Staudenrabatten voll silberlaubiger Pflanzen, wie Brandkraut (Phlomis), Kreuzkraut (Senecio), Zistrosen und Salbei nebst eingestreuten rosafarbenen Rosen.

Die Terrasse wird von einer Holzpergola beschattet, die mit *Rosa Banksia*, der in den meisten toskanischen Gärten vorkommenden kleinblütigen Rose, berankt ist. Dieser Gartenliebhaber wiederholt nicht den Fehler, den viele Einheimische machen, indem sie unbedingt Pflanzen ziehen wollen, die nicht im hiesigen Klima gedeihen, sondern er wählt ausschließlich Blumen und Gehölze, die im Mittelmeergebiet und Südeuropa beheimatet sind.

Da der Garten ganz um das Bauernhaus verläuft, verzichtete der Eigentümer weitgehend auf formale Strukturelemente. Nur in den leicht einsehbaren Abschnitten am Zufahrtsweg sowie am Pfad zum Blumengarten hat er immergrüne Gewächse im formalen Stil arrangiert. An der Nordseite des Hauses gewinnt eine Allee aus oben zusammenwachsenden Steineichen – in der Art des Arkadengartens von Hidcote Manor in Gloucestershire – allmählich Gestalt. Die zu Kugeln gestutzten Buchsbaumsträucher in den Terrakottatöpfen beleben die Grasfläche durch ihre skulpturähnliche Form.

L'Apparita
Siena

Pietro Porcinai, Italiens bedeutendster Landschaftsgestalter der Gegenwart, entwarf 1960 für dieses schlichte Bauernhaus Gartenanlagen, die eigentlich gar keine sind; denn sie bestehen lediglich aus einheimischen Gehölzen, deren einzige Aufgabe es ist, den großartigen Blick auf Siena „einzurahmen" und gleichzeitig eine Art Bühnenraum für die internationalen Opernstars zu schaffen, die oft Gäste des Eigentümers sind. Das ehemals viel größere Haus ist eines der frühesten Werke von Baldassare Peruzzi (1481–1536), der viele bedeutende Villen im Gebiet von Siena, einschließlich Celsa und Vicobello, entworfen hat.

Die Attraktion des Gartens ist der Blick auf Siena. Der Architekt hat diesen so eingerahmt, daß nichts an das 20. Jahrhundert erinnert: Zypressen, Steineichen und zahlreiche laubabwerfende Bäume verdecken unschöne Stellen am Horizont, und das natürliche Gelände ist so umgeformt worden, daß neu entstandene Böschungen beziehungsweise Aufschüttungen die Straßen und Gebäude der unmittelbaren Umgebung unsichtbar machen. Sogar die Zufahrt zum Parkplatz des Hauses ist in eine künstlich geschaffene Schlucht verlegt worden, deren Seitenbegrenzung mit Stechginster und Berberitzen bepflanzt ist. Von diesem am tiefsten gelegenen Ort steigt man durch einen dunklen, mit Cotoneaster gesäumten Tunnel zu der strahlenden Helligkeit des Hauseingangs empor. Dieser liegt hinter einer stattlichen Einfassung von dunkelgrünem Efeu, der bei festlichen Gelegenheiten mit Obst und Blumen besteckt wird.

Jeder Garten Porcinais ist so einzigartig und individuell wie die Lage der Grundstücke und auch wie der jeweilige Auftraggeber; aber alle sind ökologisch orientiert, und das lange bevor die Ökologie zur Mode wurde. Der Architekt teilt die Anschauung der Renaissance, daß der Mensch in Harmonie mit der natürlichen Welt und mit der Erde leben muß, die ihn ernährt. Dieses Credo gewann in L'Apparita besonders eindrucksvoll Gestalt, denn obwohl der technische Aufwand gewaltig war, ist der fertige Garten von atemberaubender Einfachheit, so als sei er überhaupt nicht bearbeitet worden. Die welligen Rasenflächen und die äußerst sparsame Bepflanzung entsprechen den Umrissen der Hügelkette Le Crete am Horizont.

Pienza

Der Architekt Bernardo Rossellino verwandelte das mittelalterliche Dorf im Auftrage von Papst Pius II. (1405–1464) in eine typische Renaissancestadt. Die Straßen mit ihrem Kopfsteinpflaster gehen vom Platz an der Kathedrale aus und bilden hier und da winzige Plätze, um die sich würdevolle Paläste und Kirchen, Ratsgebäude und schlichte Wohnhäuser dicht an dicht drängen, so daß nur wenig Raum für Gärten bleibt. Um die in schwermütigem Grau gehaltenen Fassaden zu beleben, säumen die Bewohner die Bürgersteige und Gassen vor ihren Häusern mit Topfpflanzen, in denen sie u. a. Schildblumen (*Aspidistra*) und Aronstab ziehen.

Hier beschattet *Jasminum mesnyi* den Hauseingang und eine Sammlung von Topfpflanzen, wie Clivien, Schildblumen und Gardenien. Dank der Wärme, die von den sonnendurchglühten Mauern abgestrahlt wird, und der durch allmorgendliches Wässern entstehenden Feuchtigkeit herrscht in den Straßen von Pienza ein Treibhausklima, das üppiges Wachstum in den Topf- und Kübelgärten gewährleistet.

31
29

Palazzo Piccolomini
Pienza

Dieser Palast in unmittelbarer Nähe der Kathedrale ist Rossellinos schönstes Gebäude. Die Straßenfront stellt die gleiche Würde zur Schau wie sein Palazzo Rucellai in Florenz, aber die dreifache Loggia der Gartenseite ist voller Anmut und Harmonie – Eigenschaften, die sich in der von hier aus überblickbaren Landschaft des Val d'Orcia wiederfinden. Die Anlagen aus dem 14. Jahrhundert sind vollkommen erhalten, lediglich der Springbrunnen auf der Wegekreuzung ist neueren Datums. Der schlichte Gartenraum mit seinem Buchsbaumduft, dem Vogelgezwitscher und dem Zirpen der Zikaden bildet das genial konzipierte Bindeglied zwischen dem glanzvollen Palast und der majestätischen Landschaft. Er liefert zudem gutes Anschauungsmaterial für das, was sich der Architekt Alberti unter einem Renaissancegarten vorstellte (s. S. 63).

Orti Leonini
San Quirico d'Orcia

Im 12. Jahrhundert war diese Kleinstadt südöstlich von Siena eine Festung Kaiser Friedrich Barbarossas. Was von dem Garten des 16. Jahrhundert unterhalb der Burgruinen und des ehemaligen Torre del Cassero übriggeblieben ist, wird heute wie damals als öffentlicher Park genutzt. Steineichen-Laubengänge säumen das Parterre an zwei Seiten, während sich am Fuße des Burghügels ein Steineichenhain ausbreitet. An dem Netz aus Seilen, das über das Parterre gespannt ist, orientieren sich die Gärtner beim Buchsbaumschnitt und können auf diese Weise stets die gleiche Höhe und Breite einhalten.

Lucca

Villa Garzoni
Collodi

Diese Villa entstand zu einer Zeit als Rom begann, in Politik und Kunst für ganz Italien den Ton anzugeben. Daher orientiert sich der Entwurf dieser Gartenanlagen mehr an der grandiosen Villa d'Este in Tivoli als an dem zurückhaltenden Charme der Villa Medici in Fiesole. Die architektonische Gestaltung des Hügels mit der pompösen einachsigen Freitreppe und der Aufeinanderfolge von Wasserbecken und Terrassen geht von dem Prinzip des Barockgartens aus: einer in sich geschlossenen Einheit mit kontinuierlichem Übergang von formalen zu „natürlichen" Strukturelementen. Der Renaissancegarten dagegen setzte sich aus einer Folge von kleinräumigen formalen Gartenabschnitten um die Villa herum zusammen (s. auch S. 53).

Hilaire Belloc beschrieb Lucca als „die gepflegteste, regelmäßigste und ordentlichste aller Kleinstädte der Welt, eine einzigartige Rarität mit ihren unverstopften Straßen, den widersinnigen Befestigungsanlagen und den Zufriedenheit ausstrahlenden ruhigen Häusern – eine Großfamilie gleichsam, die sich behaglich unter der Mittagssonne ausstreckt".

Luccas mächtige Befestigungsmauern als „widersinnig" anzusehen, ist eigentlich ungerecht, denn ihnen verdankt die Stadt die Erhaltung ihres einmaligen Charakters über die Jahrhunderte hinweg. Hat man sich im Auto auf der Landstraße von Pisa nach Florenz durch die Dörfer und die Vorstädte von Lucca gequält, ragen plötzlich die gewaltigen Mauern aus der Flußebene vor einem empor. Der breite Wassergraben früherer Zeiten ist gepflegten Rasenanlagen gewichen, und prachtvolle alte Linden nehmen die Plätze der Söldner auf der Brustwehr ein. Die Altstadt bleibt dahinter unsichtbar, bis man des Kreisens auf der Ringstraße irgendwann müde ist und sich mit dem Mut des Verzweifelten durch ein Stadttor ins Zentrum wagt – und damit ins Mittelalter zurückkehrt.

Den Römern bedeutete Lucca mehr als etwa Florenz, das Cäsar an einer günstig gelegenen Furt begründet hatte. Im Jahr 60 v. Chr. bildete er gemeinsam mit Pompejus und Crassus in Lucca das erste Triumvirat. Er ließ die Mauern errichten, legte das Straßennetz im römischen Schachbrettmuster aus und baute das Amphitheater.

All dieses haben die nachfolgenden Generationen sorgfältig erhalten. Die Kalksteinmauer der Römer bildet das Fundament der jetzigen Backsteinkonstruktion von 1594, an der man 150 Jahr lang arbeitete. Die Straßen verlaufen unverändert nach dem römischen Schema und bilden Plätze mit stattlichen Kirchen, deren Architektur ebenso einzigartig ist wie die Stadt als Ganzes. Zu den eindrucksvollsten gehören die romanische Kirche San Michele aus dem 12. Jahrhundert und die überwiegend aus dem 13. Jahrhundert stammende Kathedrale San Martino. Beide faszinieren durch Fassadenvorbauten aus mehreren übereinanderliegenden Reihen von dünnen Marmorsäulen mit eingemeißelten Phantasietieren, menschlichen Körpern oder geometrischen Mustern beziehungsweise Mosaiken aus farbigen Steinen. San Michele trumpft mit vier besonders prächtigen Säulenreihen auf, die von der Statue des drachentötenden Erzengels Michael gekrönt werden.

Die Piazza dell'Anfiteatro, Luccas Marktplatz, entstand aus den Ruinen des römischen Amphitheaters. Die Stadt behauptete ihre Sonderstellung gegenüber den Rivalinnen unter den toskanischen Städten während des ganzen Mittelalters und war nacheinander die Hauptfestung der Goten, der Lombarden und schließlich der Franken, bis die letzteren ihre Machtbasis im 11. Jahrhundert nach Florenz verlegten. 1808 fiel die Toskana an Frankreich und wurde von Elisa, der zur Großherzogin erhobenen Schwester Napoleons, regiert. Sie machte Lucca zum Sitz des Hofes und bewohnte die Villa Reale bei Marlia, einige Kilometer nördlich der Stadt.

Infolge der herausragenden politischen Bedeutung Luccas bemächtigte sich der jeweils herrschende Geschmack des Adels der alten Villen und Gärten. So kam es, daß die Gartenanlagen der Umgebung im frühen 19. Jahrhundert mehr als anderswo unter der Mode zu leiden hatten, die eine Umwandlung der althergebrachten formalen Gärten mit ihren Bassins, Wasserspielen und Parterres in „natürlich" anmutende englische Landschaftsparks forderte. Der Architekt Sir Reginald Blomfield, der während der spätviktorianischen und edwardianischen Ära den italienischen Gartenstil in England einführte, schrieb, daß „der englische Geschmack sich bekanntlich nur einmal im kontinentalen Europa durchgesetzt und dabei fast nur verheerende Folgen gezeitigt hat". Uns Heutigen bleibt daher nichts weiter übrig, als den Verlust des formalen Gartens der Villa Mansi zu beklagen, dankbar zu sein für die Reste des Flora-Gartens in der Villa Torrigiani, über die „Modernisierung" der Villa Garzoni hinwegzusehen und uns in der Phantasie vorzustellen, wie herrlich Luccas Barockgärten einst gewesen sein müssen.

Auch die Besetzung durch Frankreich und Österreich im 18. und 19. Jahrhundert minderte nicht die dominierende Stellung Luccas in der Toskana. Erst seitdem die Stadt im Jahre 1847 Teil des Großherzogtums Toskana wurde beziehungsweise 1861 im Königreich Italien aufging, steht sie auf der gleichen Stufe mit ihren Nachbarn. Die jahrhundertelange Unabhängigkeit und Exklusivität Luccas liefert die Erklärung für den im hohen Grade individualistischen Stil der vornehmen Villen und Gärten, die viel auftrumpfender wirken als die schlichten Gegenstücke von Florenz oder die auf Verteidigung eingestellten Anwesen von Siena. Das historisch gewachsene Gefühl der Überlegenheit spiegelt sich auch im Charakter der Stadt und ihrer Einwohner. Die letzteren nehmen die Huldigung der Touristen gnädig entgegen und bemühen sich nicht übermäßig viel um ihre Besucher – Lucca verharrt heute mit abgeklärter Selbstzufriedenheit am Rande der Besichtigungsrouten, auf denen die Touristen durch Italien hetzen.

Das war nicht immer so. Um 1580 besuchte der französische Essayist Montaigne die damals wie heute wegen ihres Heilwassers berühmten Bäder von Lucca. Der Dichter Shelley und Mary Godwin, die Verfasserin von „Frankenstein“, mieteten ein Haus in den Walnußwäldern unweit der Bäder, um durch eine „Rückkehr zur Natur“, wie sie es nannten, gesund zu werden. Ihnen machten es die Vornehmen aus ganz Europa nach. Der Dichter Tennyson und dessen Frau dagegen versuchten vergeblich, dort Heilung zu finden, denn sie konnten sich vor Mücken nicht retten.

Die am tiefsten gehende Wirkung, die Lucca wohl jemals auf einen Besucher ausgeübt hat, läßt sich bei dem Kunstkritiker John Ruskin (1819–1900) nachweisen. „Angesichts der Gebäude des 12. Jahrhunderts“, schrieb er, „deren Mauerwerk in so großer Vollkommenheit zusammengefügt war, daß es ohne Zement auskam, und angesichts eines derart unzerstörbaren Materials, daß man nach 600 Jahren Sonnenschein und Regen keine Lanzette in die Fugen hineinzwängen konnte, wurde mir blitzartig klar, was ich unter einem Bauhandwerker des Mittelalters zu verstehen hatte und von welchen Prinzipien er sich leiten ließ... Ich setzte mich hin und begann, Architektur zu studieren.“ Die Folge dieser plötzlichen Eingebung war eine Revolution in der englischen Architektur und Landschaftsgestaltung.

Montaigne beobachtete nach seinen Worten „in der Umgebung von Lucca lange Reihen von Bäumen um die Kornfelder herum. Jeder Baum ist mit seinem Nachbarn durch Weinstöcke verbunden, so daß die Felder wie Gärten aussehen“. 300 Jahre danach ist es im wesentlichen noch genauso, nur daß viele Felder und Weinstöcke von den *Vivai,* den „Gewächshausgärten“, verdrängt wurden. Die unzähligen Reihen von *Magnolia grandiflora* sowie von *Cupressus sempervirens,* der charakteristischen Säulenkonifere der Toskana, und die Schirmpinien-Haine beeindrucken mich immer wieder. An der Landstraße von Lucca nach Pistoia erstrecken sich unzählige Polyäthylen-Tunnel, unter denen die Gärtner Nelken, Gazanen, Chrysanthemen, Iris und Rosen ziehen.

Eingebettet in diese Felder des hochtechnisierten Gartenbaus sind nicht nur Olivenhaine und Sonnenblumenäcker, auf denen die Früchte beziehungsweise Samen für die berühmte Ölindustrie Luccas heranwachsen, sondern auch die gepflegten *Orti di famiglia* – oder Küchengärten –, wo Tomaten, Zwiebeln, Knoblauch, Artischocken und unzählige andere Gemüsearten darauf warten, am Familientisch verzehrt zu werden.

Piazza San Giovanni
Lucca

Hinter hohen Grundstücksmauern trifft man oft auf Gärten im sog. *Pensile*-Stil, die infolge von Erdaufschüttungen 3,50 m bis 4,50 m über dem Straßenniveau liegen. Der abgebildete stille *Giardino pensile* gehört zu dem ehemaligen Priesterhaus (17. Jahrhundert) neben der Kirche San Giovanni und wird bereits von der vierten Generation einer Familie gepflegt. Unter den Pflaumen-, Pfirsich-, Oliven- und Magnolienbäumen erblühen im Wechsel der Jahreszeiten Krokusse und Narzissen, Iris, Rosen und Lilien. Der Springbrunnen oberhalb des uralten Brunnens erfüllt den Garten mit leiser Musik, und eine mit Glyzinen bewachsene Pergola verschönt die Loggiamauer an der Straßenseite.

Piazza del Mercato
Lucca

Im Jahre 1834 ließ Leopold II. dieses frühe Beispiel staatlichen Wohnungsbaus auf dem Gelände des ehemaligen römischen Amphitheaters errichten. Balkons mit rankenden Geranien und blühenden Topfpflanzen mildern die strenge Funktionalität der Gebäude rings um den gepflasterten Marktplatz. Agaven, Aucuben, Tradescantien, Aeonien, Aronstab und viele andere Gewächse erfreuen den Betrachter mit Duft und Farbe.

ENTO

Villa Mansi
Segromigno

Die Villa stammt aus dem 16. Jahrhundert, wurde aber um 1660 erheblich umgebaut. Der von 1725 bis 1732 angelegte Garten setzte sich aus formalen, mit Buchsbaum eingefaßten Blumenbeeten, Wasserspielen, einem dekorativen Fischteich und dem legendären Bad der Diana zusammmen. Nur die beiden letztgenannten Bestandteile überlebten die „Anglisierung“ in den 80er Jahren des 19. Jahrhunderts, als man die formalen Beete durch weite Rasenflächen und einen ausgedehnten Landschaftspark ersetzte.

Das reiche Wasservorkommen der Region ermöglichte die Anlage entzückender Wassergärten in der Umgebung von Lucca und – der Legende zufolge – auch die unvergängliche Schönheit von Lucida Mansi, einer der ersten Eigentümerinnen der Villa. Sie soll einen Pakt mit dem Teufel abgeschlossen haben, der vorsah, daß die Anmut ihrer Gesichtszüge auf ewig erhalten bliebe, wenn sie täglich unter den Augen des Vertragspartners ein Bad im Gartenteich nähme – daher die Bezeichnung „Bad der Diana“. Manche glauben, daß ihr Geist hier auch heute noch badet; denn sie wurde im Wasser von einem Blitz tödlich getroffen.

Cremeweiße Hochblätter zieren prächtige Solitärexemplare von *Cornus kousa chinensis* in den „Elysäischen Gefilden“ der Villa Mansi. Manche Besucher bedauern gewiß die Beseitigung der Gartenanlagen des 17. Jahrhunderts, die viele manieristische Villen auf den Hügeln um Lucca schmückten; aber man muß einräumen, daß die Landschaftsparks im englischen Stil sich in dieser Gegend besser entwickelt haben als in anderen Teilen Italiens, wo das Klima trockener ist und nicht genügend Wasser für Rasenflächen und Bäume zur Verfügung steht.

Im Landschaftspark schlängeln sich Wege durch die schattenspendenden, immergrünen Buschgruppen aus Steineichen und Lorbeersträuchern und eröffnen romantische Durchblicke auf schöne Statuen.

Villa Torrigiani
Camigliano

Der Vorgängerbau wies beträchtlich weniger Schmuck auf als die jetzige Villa aus dem 17. Jahrhundert. Nach Ansicht von Sir Harold Acton wirkt die Fassade, als habe man „eine raffiniert pompöse Maske über einen schlichten Rahmen gestülpt, eine Maske aus den unterschiedlichsten Materialien und Farbtönen: Löwen auf der Freitreppe, Nischen mit Büsten, flankierende Statuen, gemeißelte Schmuckplatten und Wappenschilder, und dazu ganze Bataillone von Plastiken...". Dieses manieristische Gebilde muß die Besucher in seinen Bann geschlagen haben, als es noch von den ursprünglich formalen Parterres umsäumt war. Aber auch heute macht die Villa inmitten des friedlichen Landschaftsgartens mit den vielen Rasenflächen und romantischen Baumgruppen einen frappierenden Eindruck.

Die formalen Gartenanlagen wurden im 19. Jahrhundert beseitigt, als die Mode des Landschaftsparks im englischen Stil die Besitzer der alten Renaissancegärten fest im Griff hatte. Einzig der großartige „Senkgarten der Flora" mit der „Grotte der Sieben Winde" und der eleganten Doppeltreppe hat die Zeiten überdauert. Diese Anlage ist wahrscheinlich wegen eines gigantischen *Gioco d'aqua* (Wasserscherz) vor der Zerstörung bewahrt worden, einer Art architektonischer Wasserpistole, die sich in den italinischen Gärten seit der Römerzeit großer Beliebtheit erfreute.

Aus diesem mit Springbrunnen, Statuen und Zitronenbäumchen geschmückten Reservoir strömt das Wasser in die *Giochi* der Treppenanlage, die in den Flora-Garten hinunterführt.

Nähert man sich der Balustrade, um auf die Blumenbeete hinunterzuschauen, und öffnet jemand einen Wasserhahn, der in der Grotte unterhalb der Treppe versteckt ist, dann beginnen Fontänen innerhalb der Stufen zu spritzen: Man wird die Treppe hinab-„komplimentiert" und eilt den Hauptweg entlang, um möglichst trocken die Grotte der Sieben Winde zu erreichen. Leider wurden viele Bleirohre der Spritzanlage längs des Hauptweges im zweiten Weltkrieg entwendet; aber Fürst Torrigiani sorgt zur Zeit für die Restaurierung dieser und anderer außer Betrieb gesetzten Abschnitte der *Giochi*.

Jeder sucht ein schützendes Dach in der Grotte, die mit Mosaiken, Tuffsteindekorationen, falschen Stalaktiten sowie den Marmorstatuen der Winde ausgestattet ist. Im selben Augenblick beginnen die Münder der Winde Wasser zu speien, weitere Fontänen schießen aus dem Fußboden empor, und für den Höhepunkt der *Giochi* sorgt Flora selbst, die von ihrem Standort auf der Kuppel einen kräftigen Wasserstrahl mitten in die Grotte spritzt und jeden durchnäßt, der so töricht war, sich hier in Sicherheit zu wähnen.

Die Stützmauern der Doppeltreppe im Flora-Garten sind mit grimassierenden Fontänenmasken besetzt, aus denen leider kein Wasser mehr in die Muschelbassins strömt. Aber mit etwas Phantasie kann man sich vorstellen, wie heiter die Szene damals hier wirkte und wie unbeschwert die Menschen das „feuchte Schauspiel" der spritzenden und sprühenden Treppenanlage genossen.

An den „Senkgarten der Flora“ grenzt das Sommerhaus, dessen Terrasse ein kleines Buchsbaumparterre aufweist. Die Zitronenverbenen *(Lippia citriodorus)* unterhalb der Bogenfenster an der Südseite des Hauses erfüllen bei Sonnenschein den ganzen Garten mit süßem Duft.

Villa Garzoni
Collodi

Nur wenige bedeutende Gärten der Toskana gehören, wie dieser, der Gemeinde, in der sie liegen. Die Nähe zum Pinocchio-Park scheint die überbordende Bepflanzung mit ausländischen Formschnittgehölzen und die grellfarbigen Blumenbeete bewirkt zu haben. In Wahrheit handelt es sich aber um einen Barockgarten aus der zweiten Hälfte des 17. Jahrhunderts. Er erstreckt sich über den Abhang *neben* der Villa und nicht, wie sonst üblich, hinter ihr. Oberhalb des formalen Parterres befindet sich ein terrassierter Steineichenhain, indessen Mitte ein gewaltiger Wasserfall von dem sogenannten Badehaus auf dem Hügel in das Tal stürzt. Das erwähnte Haus, das nicht der Hygiene dient, sondern für gesellschaftliche Veranstaltungen genutzt wird, entstand aus einer umgebauten Eremitage des frühen 17. Jahrhunderts. Der dort lebende Einsiedler war zu dem Zweck angestellt worden, regelmäßig durch die Gartenanlagen zu wandern (siehe auch S. 36).

Villa Brughiere
Camigliano

Dank der nahegelegenen Berge steht in dieser Gegend immer genügend Wasser zur Verfügung, so daß die Villenbesitzer mühelos Fontänen und Teichbecken in ihren Gärten anlegen konnten. Herausragende Beispiele sind die Villa Reale in Marlia, die Villa Torrigiani und diese elegante Villa aus dem 17. Jahrhundert. Zwar hat man sämtliche formalen Beete durch Rasenflächen und Baumgruppen ersetzt, aber die runden Becken und die Grotte sind erhalten geblieben. Dem rechts abgebildeten Becken an der Nordfront der Villa entspricht ein aufwendigeres an der Südfront. Jenes flankieren zwei Fontänen, deren Wasser nach der versteckt liegenden Grotte am Eingangstor strömt.

Das Wasser entstammt Quellen an den Bergen oberhalb der Bäder von Lucca, durchläuft eine Anzahl stufenartig angelegter Becken (rechts), fließt unterirdisch in den Rundteich an der Rückseite der Villa und speist dann das reich verzierte Becken sowie die Fontänen vor dem Hauptportal.

Daß hier kein Wassermangel herrscht, erkennt man auch an dem vor Vitalität strotzenden Gemüsegarten längs der *Limonaia,* dem Zitronenhaus der Villa Brughiere. Das lebhafte Rot der reifen Safttomaten an den Bambus-„Wigwams" bringt im Verein mit dem klaren Grau der Artischocken und Gemüsekarden Farbe und architektonische Strukturen in die langen Reihen von Mangold, Zichorie, *Fagioli* (Bohnen) und würzig duftendem Rosmarin. Die toskanischen Gärtner sind nicht minder stolz auf ihre Gemüsegärten als auf die formalen Ziergärten.

Vinci

Ende April breitet sich in den uralten Olivenhainen am Abhang unterhalb von Leonardo da Vincis Geburtsort ein Teppich von Mohnblüten aus. In der letzten Juniwoche bildet dann das Ockergelb des Bodens eine ideale Kontrastfarbe zu den türkisgrünen Rückständen des Kupfersulfats, das Arbeiter auf Weintrauben und Tomaten gesprüht haben. Ungewollte Farbharmonien wie diese kommen in der Toskana oft vor und verdienen die gleiche Aufmerksamkeit wie die übersorgfältig geplanten und doch nicht immer überzeugenden Farbzustammenstellungen in den „Vorzeigegärten" Englands, Italiens und anderer Teile Europas.

Florenz

Villa Gamberaia
Settignano

Von den vielen Villen und Gärten auf den Abhängen rund um Florenz erfreut sich keine so großer Beliebtheit wie Gamberaia, deren Anfänge auf ein schlichtes Bauernhaus des 15. Jahrhunderts zurückgehen. Die Originalstruktur der Gärten von 1717ff hat sich, ungeachtet einiger kleiner Veränderungen, bis heute erhalten. Edith Wharton betrachtete die Gartenanlagen im Jahre 1904 als „das anschaulichste Beispiel für die Kunst, auf kleinem Raum die größtmögliche Wirkung zu erzielen“. 50 Jahre später schreibt Georgina Masson, daß „die Villa zu den schönsten und typischsten der Toskana“ gehöre, und kürzlich nannte Sir Harold Acton sie „einen überaus poetischen Garten – ein Juwel“ (s. auch S. 96–103).

‚Cerchi chi vuol le pompe e gli altri onori…‘
„Laß andre nach Ruhm und Ehre streben und nach hohem Rang – irdischen Gütern, die zu besitzen tausend unruhige Gedanken und tausend Kümmernisse kostet. Eine grüne Wiese voll lieblicher Blumen, ein Bach, dessen Wasser die grasreichen Ufer bespült, und ein Vogel, der Liebeslieder anstimmt, sind mehr nach meinem Sinn. Die laubreichen Wälder, die Felsen, die Hügel und dunklen Grotten erwekken die leuchtenden Augen der Liebe für mich zum Leben. In der Stadt muß ich auf alles verzichten.“

Wenn Lorenzo de' Medici in diesen Versen die einfachen Vergnügungen des Landlebens preist und deren beglückendes Erlebnis dem Intrigenleben in der Stadt vorzieht, dann hat er den rustikalen Charakter der Villen und Gärten der florentinischen Renaissance vor Augen, der sich deutlich vom höfischen Lucca und dem feudalen Siena unterscheidet.

Florenz ist der Geburtsort der Renaissance. Im ausgehenden 14. Jahrhundert festigte die Stadt ihre überlegene Stellung unter den toskanischen Konkurrentinnen. Nach dem Ende des Schismas innerhalb der katholischen Kirche bestimmte Papst Martin V. sie 1419 sogar zum Aufbewahrungsort der Schlüssel des Apostels Petrus. Seitdem zog der Glanz der Stadt Wissenschaftler und Künstler aus ganz Europa an. Hier wurden sie von den Adelsfamilien der Albizzi und Uzzano sowie von den aufsteigenden Medici gefördert, während die genannten Familien zur gleichen Zeit rücksichtslos um die Vorherrschaft in Florenz kämpften. Die Medici taten sich dabei besonders hervor.

Giovanni de' Medici, der Gründer der mächtigsten Dynastie der Stadt, war zwar der bedeutendste Bankier Italiens im frühen 15. Jahrhundert, aber erst seinem Sohn Cosimo gelang es, der Familie – mit mehr oder minder feinen Methoden – den ersten

jedoch behaupten – mit betonter Höflichkeit natürlich –, daß sie dieses Phänomen nicht verstünden. Sie finden es, milde ausgedrückt, amüsant, daß jemand ihre Gärten fotografieren möchte. Sicher hat ihre Einstellung etwas mit der ihnen eigenen Reserviertheit zu tun; zudem hatte die Stadt seit alters her so viel zu bieten, daß die Florentiner dies als selbstverständlich betrachten. Wir aber kommen, um zu staunen und in ihrem Erbe zu schwelgen, in der Hoffnung, daß die Schönheit uns innerlich bereichert.

Giardino Torrigiani *Florenz*

Der 1824, kurz nach dem Entstehen des Gartens, erschienene Führer vermerkt nicht weniger als 31 Sehenswürdigkeiten, u. a. eine Basilika im gotischen Stil, eine Grotte des Merlin, einen botanischen Garten zu Ehren des schwedischen Naturforschers Linné, einen Heiligen Hain nebst Grabmal, ein Vogelhaus sowie zahlreiche Springbrunnen, Wasserfälle und *Giochi d'acqua*. Zur gleichen Zeit, als der Marchese Pietro Torrigiani diesen Garten schuf, verwandelte sein Bruder die Anlagen der Villa Torrigiani bei Lucca (s. S. 47–53) in einen romantischen englischen Landschaftspark (Siehe auch S. 144f.).

An den Villengärten von Fiesole, Settignano und anderen Ortschaften nahe Florenz entzündete sich zu Beginn dieses Jahrhunderts die gestalterische Phantasie vieler Gartenarchitekten aus England und den USA. Norah Lindsay und Lawrence Johnston, Vita Sackville-West, Harold Peto und Thomas Mawson, Edwin Lutyens und unzählige andere pilgerten dorthin und ließen sich nach der Heimkehr in ihrem Beruf von den typischen Merkmalen des Renaissancegartens inspirieren: den von Hecken gesäumten „Garten-Räumen", den offenen Laubengängen, den langen Alleen mit dem Panoramablick am anderen Ende, den formalen Parterres aus gestutztem Buchsbaum und den markanten Baumgruppen aus Steineichen und Zypressen. Manch einer der Landschaftsgestalter blieb in der Toskana, legte sich dort einen eigenen Garten an oder restaurierte einen verwilderten. Der bekannte Kunsthistoriker Bernard Berenson und seine Frau Mary machten I Tatti zu einem kulturellen Zentrum und luden die *„Glitterati"* aus Kunst und Literatur in ihre restaurierte elegante Villa ein, die inmitten eines neugeschaffenen Gartens von der „idealisierten toskanischen Art" liegt. Unter ihren Gästen befand sich auch Edith Wharton, deren Buch „Italienische Villengärten" zum erstenmal in diesem Jahrhundert interessierte Leser in den USA und in England mit den Gärten der Toskana bekannt machte.

Der Garten von I Tatti wurde von dem jungen englischen Architekten Cecil Pinsent (1884–1964) entworfen. Im Laufe der Zeit erwarb dieser sich bei den zugezogenen Angelsachsen in der Toskana den Ruf, Fachmann für die Umgestaltung von Villen und Gärten zu sein. Er war außerordentlich feinfühlig, was die Veränderung der Landschaft anbetraf und hatte sich solide Kenntnisse von der Renaissancearchitektur angeeignet. Sir Jeoffrey Jellico verbrachte im Jahre 1923 einen einzigen Tag bei Pinsent in Fiesole und erkor sich ihn von da an als Vorbild, wenn es darum ging, Gebäude in die Landschaft einzugliedern. In der Tat ist es Pinsent gelungen, die Häuser und Gärten von I Tatti sowie Le Balze in geradezu vollkommener Weise aufeinander abzustimmen und gleichzeitig harmonisch in die Landschaft einzuordnen. Sein spezifischer toskanischer Gartenstil geht auf Leon Battista Alberti zurück, den Architekten der Frührenaissance,

Palazzo Corsini sul Prato
Florenz

Orangen- und Zitronenbäumchen überwintern im Schutze der *Limonaia.* Die großen Südfenster lassen ausreichend Licht herein, so daß die Fotosynthese der Pflanzen nicht unterbrochen wird und die Früchte reifen können. Im Frühling schafft man die Gewächse wieder auf ihre numerierten Sockel rings um den Garten.

der als erster die architektonischen Prinzipien der Antike auf seine Zeit anwandte, und den Verfasser von *De Re Aedificatoria* (ca. 1450). In diesem Buch versuchte Alberti die Gartenarchitekten dazu zu bewegen, ihre Anlagen nach klassisch römischem Vorbild zu planen und zu bepflanzen.

Er empfahl insbesondere, als Bauplätze für die Villen möglichst Abhänge zu wählen, von denen aus sich ein weiter Blick ergab, „sei es auf die Stadt, auf des Eigentümers Grundstück oder auf die See, auf die unermeßlich sich ausdehnende Ebene oder auf vertraute Hügel und Berge", ein Blick, der „geführt werde durch zierliche Anordnung der Pflanzen". Nicht nur die Villa und deren Bewohner, auch der Garten käme auf diese Weise in den Genuß „gesundheitsfördernder Luftströmung und des heilsamen Sonnenscheins auf dem Abhang".

Albertis Anschauungen gingen ganz offensichtlich von den Gartenanlagen des antiken Rom aus, denn er forderte, daß niedrige Buchsbaumhecken dekorative Muster bilden und Blütengehölze sowie Obstbäume in Töpfen die Gartenwege säumen sollten. Er veranlaßte die Gärtner, Urnen und Kübel aller Art mit Blumen zu füllen und an sorgfältig gewählten Plätzen im Garten aufzustellen, um auf diese Weise bestimmte Farb- und Formeffekte zu erzielen. Mit Rosen und Wein bewachsene Pergolen auf Marmorsäulen sowie kleine Buschgruppen aus Zypressen oder *Quercus ilex,* Lorbeer- oder Myrtensträuchern waren als Schattenspender gedacht, und überall im Garten sollten Fontänen für leise Musik sorgen. Alberti vergaß aber auch nicht die erst in den mittelalterlichen Gärten beliebt gewordenen langen grasbewachsenen Wege, auf denen man sich mit vornehmen Spielen, wie beispielsweise dem Rasenkugelspiel, vergnügte.

Grotten gehörten seiner Meinung nach zu den unverzichtbaren Einrichtungen. Sie sollten „wie schon bei den Alten mit unbehauenen Felsbrocken, mit Bimsstein, Tuffstein und Travertin abgedeckt werden", und zur Auskleidung des Grotteninneren empfahl er Muscheln.

Die Idee, einzelne Gartenabschnitte längs einer Zentralachse anzuordnen, stammt nicht von Alberti. Der erste Entwurf solcher Art wurde zu Beginn des 16. Jahrhunderts von Baldassare Peruzzi (s. S. 19) angefertigt. Seitdem beginnt man in Garten-„Räumen" zu denken und die einzelnen Abschnitte einander zuzuordnen.

Hiermit sind die wesentlichen Theorien aufgezeigt, die dem toskanischen Renaissancegarten zugrunde liegen und die, ausstrahlend von den besonders gelungenen Beispielen der Villa Gamberaia, I Tatti und Le Balze, im 20. Jahrhundert die Landschaftsgestaltung in Europa und Amerika tiefgreifend beeinflußt haben.

Villa Medici
Fiesole

Diese allererste Renaissance-Villa wurde 1458–61 von M. Michelozzo für Cosimo de' Medici gebaut, diente dessen Nachfolger Lorenzo il Magnifico als ländlicher Zufluchtsort, wo er am liebsten die von ihm geförderten Philosophen, Dichter und Künstler um sich scharte, und blieb bis 1671 Eigentum der Familie Medici. 1772 wurde sie nach mehrmaligem Besitzerwechsel an die umstrittene Lady Orford, die Schwägerin des Schriftstellers Horace Walpole, verkauft. Im 19. Jahrhundert gehörte die Villa dem Maler William Blundell Spence, ab 1911 Lady Sybill Cutting und deren zweitem Mann, dem Architekten Geoffrey Scott (s. S. 122). Dessen Geschäftspartner Cecil Pinsent stellte den Renaissancecharakter des im Laufe der Jahrhunderte stark veränderten Gartens weitgehend wieder her.

Der am steilen Abhang gelegene Garten besteht aus zwei Hauptterrassen. Die obere an der Vorderfront der Villa dient als Erweiterung der Wohnräume und weist eine Rasenbahn für das Bowls-Spiel auf. Die untere Terrasse, die man durch einen Tunnel erreicht, wird als Promenade genutzt. Von beiden Terrassen aus kann man die einzigartige Aussicht auf Florenz und das Arnotal genießen. Pinsent bepflanzte das Grundstück nach seinen persönlichen Vorstellungen vom Gartenstil des 16. Jahrhunderts. Die Gesamtanlage jedoch hat er im wesentlichen originalgetreu restauriert, so daß sie in vollkommener Weise Albertis Theorien entspricht: Gehölze rahmen den Blick in die Ferne ein, und erfrischende Brisen können den Garten durchströmen. Eine schräge Auffahrt von der unteren Terrasse zur Rückseite der Villa ermöglicht den Zutritt zum *Giardini segreto*.

Von der Pergola an der Stützmauer der oberen Terrasse hat man einen guten Blick auf das formale Parterre, das aus Blumenbeeten mit Buchsbaumeinfassung und kegelförmig geschnittenen *Magnolia grandiflora* besteht. Außerhalb dieses streng geordneten Gartenbezirks erstreckten sich früher die Äcker und Olivenhaine der benachbarten Bauernhöfe. Lady Sybils Tochter, Marchesa Iris Origo (deren eigener Garten in La Foce ebenfalls von Pinsent entworfen wurde), erinnert sich noch an die verschiedenen Düfte und Blumen auf den landwirtschaftlich genutzten Flächen am Abhang. Sie kritisiert die Neigung mancher Engländer, aus falsch verstandener Heimatliebe Glyzinen und die Rose „Dorothy Perkins" zu pflanzen, die hier, unter italienischem Himmel, gänzlich fehl am Platze seien.

Der am wenigsten veränderte Gartenteil ist der schlichte *Giardino segreto* hinter der Villa. Magnolien werfen ihren Schatten auf buchsbaumgesäumte Grasbeete, und außer einem Wasserbecken mit einstrahligem Springbrunnen gibt es keinen Gartenschmuck. Stattdessen eröffnet sich von einer bestimmten Stelle aus, nämlich dort, wo die Mauer in eine Balustrade übergeht, der schönste Blick auf Florenz. Hier kann man in ungestörter Muße die herrliche Aussicht genießen und seinen Gedanken nachhängen. Überquert man die Straße unterhalb der Gartenmauer, dann ist man bereits in Le Balze, einem weiteren Garten von Cecil Pinsent, dessen Zypressenalleen und Formschnittgehölze man von hier oben schon sehen kann.

Villa Medici
Castello

Der Bau dieser von Niccolò Tribolo entworfenen Villa Cosimos I. begann im Jahre 1538 und wurde nach dem Tode des Architekten von Buontalenti und Ammannati beendet. Der Garten stellt eine ikonographische Verherrlichung der Familie Medici dar. Cosimo liebte ihn über alles und widmete sich dort im hohen Alter der Züchtung einer besonderen Spielart des Jasmins, des *Mugherino del Granduca o di Goa (Jasminum sambac goensis)*. Der quadratische, mit einer Mauer umgebene Hauptgarten liegt auf dem sanften Abhang hinter der Villa und ähnelt mehr einem mittelalterlichen Garten (s. auch Palazzo Piccolomini S. 34) als den nach außen orientierten Anlagen der Villa Medici in Fiesole. Früher war die Fontäne von einem *Cabinet de verdure* aus gestutzten Zypressen umgeben.

Den Übergang von den tiefergelegenen Partien des Abhangs zu den oberen Terrassen akzentuiert eine reichverzierte Grotte, die Hauptattraktion an der Zentralachse. Das Innere ist mit Mosaiken, Fontänen – früher spritzte Wasser aus den Tiermäulern und Vogelschnäbeln – sowie *Giochi d'acqua* ausgestattet. Die Skulpturen stellen die Flüsse Arno und Mugnone dar und symbolisieren damit die Macht der Medici.

In vielen toskanischen Gärten sind Grotten und Springbrunnen mit Mosaiken aus Muscheln, Kieselsteinen oder Tuffstein geschmückt und tragen, wie diese überaus feingliedrige Dekkendekoration der Grotte von Castello, zu dem prächtigen Eindruck bei, den die Anlagen vermitteln.

Der Janus-Brunnen des Bildhauers Ammannati auf der obersten Terrasse liegt im Schutze eines *Bosco* aus immergrünen Steineichen. Zu beiden Seiten des Hauptgartens befanden sich früher kleine, versteckt gelegene Teilgärten. Der eine enthielt zu Cosimos Zeit ein „Baumhaus", dessen Wände aus spalierartig gezogenen Zweigen bestanden und in dessen mit Efeu umwachsenen Treppenstufen *Giochi d'acqua* eingebaut waren. Der andere Teilgarten enthielt formale Beete, auf denen man, laut Vasari, „ausgefallene Kräuter und Heilpflanzen" zog.

I Collazzi
bei Florenz

Michelangelo soll diese Villa im Jahre 1560 für seinen Fraund Agostino Dino gebaut haben. Die Schönheit des Hauses und der umgebenden Landschaft machten prachtvolle Gartenanlagen unnötig. Daher gibt es nur ein Parterre auf der Terrasse unterhalb der Stützmauer. Sonst herrscht überall betonte Schlichtheit. Der mit eindrucksvollen Zypressen geäumte Zufahrtsweg zur Villa trennt zwei grasbewachsene Terrassen voneinander. Das inmitten einer dichten Eichenpflanzung auf der oberen Terrasse verborgene Wasserreservoir speist ein tiefer gelegenes formales Becken, in dem sich die Villa spiegelt. 1944 wurde das Haus von Bomben schwer beschädigt. Die Familie Marchi, der auch die Villa Gamberaia gehört, hat inzwischen alle Schäden beheben lassen (siehe auch S. 1).

Parco Demidoff
Pratolino

Im Jahre 1569 begann der Architekt Buontalenti mit der Gestaltung dieses Gartens für seinen Auftraggeber Francesco de' Medici. Am Ende des Jahrhunderts war die Anlage in ganz Europa berühmt wegen ihrer Automaten, Kaskaden, Fontänen und *Giochi d'acqua,* die sogar den verschwenderischen Wasserspielen der Villa d'Este in Tivoli gleichgesetzt wurden. Um 1814 war der Garten völlig verwildert. Der österreichische Erzherzog Ferdinand III. nahm sich dessen an und ließ ihn in einen *Giardino inglese* umwandeln.

Nur wenige Kunstwerke blieben erhalten, u. a. diese Giambologna zugeschriebene Kolossalstatue des Gottes Apennin. Das ganze Gewicht der Gestalt lastet auf dem Kopf eines Ungeheuers und preßte früher aus dessen Maul einen mächtigen Wasserstrahl, der das überdimensionale Becken im ehemaligen Amphitheater hinter der Villa speiste.

Petraia
Castello

Im Jahre 1364 widerstand die ehemalige Burg Petraia dem Angriff der Söldnertruppe des englischen Ritters Sir John Hawkwood. 1575 verwandelte Buontalenti die Verteidigungsanlage für Kardinal Ferdinando de' Medici in eine palastartige Villa und umgab sie mit herrlichen Gärten, die an Schönheit denen der Villa Medici am selben Orte gleichkommen. Der Entwurf ähnelt jedoch dem der Schwestervilla in keiner Hinsicht. Das Gebäude liegt majestätisch auf einem hohen Hügel oberhalb des Arnotals, und die buchsbaumgesäumten Beete des terrassierten Hauptgartens breiten sich darunter wie ein Teppich mit eingewebtem Chenille-Muster aus.

Ein langes rechteckiges Wasserbecken, das mit Riesenkarpfen besetzt ist, nimmt den Hauptteil der Terrasse zwischen der Hausebene und dem Parterre ein. Die auf diese Weise entstandene ruhige Wasserfläche bildet einen wohltuenden Kontrast zu dem abwechslungsreichen Muster des Parterres und der Landschaft dahinter. Die Schriftstellerin Elizabeth Sewell beschrieb den Garten 1871 wie folgt: „Traumhaft ist er: Terrassen, von Laubengängen flankiert; Orangenbäumchen, Kaskaden von Rosen, Magnolien und Azaleen; der Blick auf Florenz, auf die Carraraberge dahinter. Und an der Rückseite der Villa ein Hügel, mit Bäumen bestanden; und wieder der weite Blick, in der anderen Richtung; und am Saum des Hügels eine feierliche Zypressenallee; darüber, plastisch hervortretend, die Herrlichkeit des italienischen Himmels".

Giardino di Boboli
Florenz

Dieser berühmteste Garten der Medici unterscheidet sich völlig von den Anlagen auf den Grundstücken ihrer Privatvillen; denn der *Giardino di Boboli* ist offiziell dem Palazzo Pitti zugeordnet und stellt daher den Glanz des Geschlechtes in höchstmöglichem Grade zur Schau. Die im Jahre 1549 begonnene und im Laufe der Jahrhunderte immer wieder vergrößerte und verbesserte Anlage erstreckt sich längs einer breiten Zypressenallee in südlicher Richtung auf die Porta Romana zu. Von einer Achsenkreuzung führt eine weitere Allee zur Piazzala dell' Isoletto (links), die von Alfonso Parigi gestaltet wurde. Die in einem kreisförmigen Teich gelegene Insel erreicht man über Fußgängerbrücken. Die Kolossalstatue des Gottes Oceanus auf dem Springbrunnen ersetzt das Original von Giambologna, das man im Bargello aufgestellt hat.

Die heutige Form der Boboligärten entspricht im wesentlichen einem Plan vom Ende des 17. Jahrhunderts. Damals hatte man das toskanische Prinzip der Gleichberechtigung von Struktur und Bepflanzung zugunsten der römischen Vorstellung aufgegeben, die der architektonischen Gestaltung der Landschaft den Vorrang einräumte. Baccio Brandinelli, der für die Medici arbeitete, schrieb an Cosimo I.: „Che cose che si murano debbono essere guidi e superiori a quelle che si piantono“ (Das Gebaute muß über das Gepflanzte dominieren, das Gepflanzte sich nach dem Gebauten orientieren)“. Laubengänge aus Steineichen verbinden die Teile der Boboligärten miteinander und spenden dem Besucher willkommenen Schatten an sonnigen Tagen, wenn die Hitze den Genuß der weiten, offenen Gartenflächen beeinträchtigt.

Via Volterrana

Im Hochsommer säumen hellblaue Schwertlilien die Straße zu beiden Seiten. Gerard beschreibt sie in seinem Kräuterbuch von 1633 als „die *fluore de-luce* von Florenz, deren getrocknete Wurzeln man in Läden und sonstwo kaufen kann, um süßes Wasser, süßes Pulver und dergleichen daraus herzustellen“. Die Pulverfabrikation war in den ländlichen Gebieten weit verbreitet. Noch heute benutzt man pulverisierte Schwertlilienwurzeln als Fixativ in Potpourris und zum Konservieren des Aromas von Gewürzen und Ölen.

Giardino delle Rose
Florenz

Im öffentlichen Rosengarten der Stadt Florenz wachsen große Mengen von Teehybriden und Floribundarosen auf sorgfältig gepflegten Beeten. Von hier aus hat man einen Postkartenblick auf den Dom und die City.

Santo Spirito
Florenz

Hinter den Palästen verbergen sich kleine Privatgärten wie dieser. Die mit Buchsbaum eingefaßten Beete, die Obstbäume (u. a. ein uralter Dattelpflaumenbaum mit gelbbraunen, reifen Früchten) und Girlanden von mehrfarbigem Efeu und Glyzinen bilden eine Tapisserie, deren Farbtöne und Muster an Renaissancetextilien aus Seidenbrokat und Samt erinnern.

Lungarno
Florenz

Die Lungarni, die Straßen zu beiden Seiten des Arno, verdanken ihre interessanten Farbakzente den *Cortile-* und *Pensile-*Gärten der Hotels, der Paläste und Mietshäuser. Hier ragt das staubwedelartige Blattwerk einer Dattelpalme über die Glyzine empor, die der Besitzer an der Balkonbalustrade entlanggezogen hat.

Via Sant' Agostino
Florenz

Im winzigen Terrassengarten herrscht ein wahrer Farbenrausch, wenn die Azaleen in den Töpfen blühen. Danach entfaltet sich das Feuerwerk der Hochstamm- und Kletterrosen, der Lavendel- und Irisblüten. Im Schatten einer Markise haben wir hier Platz genommen und lassen uns ein Glas Pinot Grigio nach den vielen Stunden anstrengenden Fotografierens in den ländlichen Gärten der Toskana schmecken.

Via Sant' Agostino
Florenz

In diesem typisch florentinischen Innenhofgarten, der auf Veranlassung des neuen Besitzers kürzlich restauriert wurde, sind die ursprünglichen buchsbaumgesäumten Beete und die Fontäne erhalten geblieben. Um den ganzen Garten verläuft eine mit uralten Glyzinen bewachsene Pergola, während die Wände mit Kletterrosen bedeckt sind – ein kühler, kreuzgangartiger Zufluchtsort für alle, die von den staubigen Straßen der Innenstadt heimkehren.

COMUNE DI FIRENZE

Piazza Santissima Annunziata
Florenz

Ende April findet auf dem Platz vor dem Spedale degli Innocenti eine Blumenschau statt, wo Züchter und Gärtner der Umgebung ihre Produkte zum Verkauf ausstellen. Fülle und Farbenpracht der angebotenen Pflanzen vor der Kulisse des Waisenhauses, das Brunelleschi in der Renaissance entworfen und Andrea della Robbia mit zehn glasierten Keramikmedaillons geschmückt hat, sind atemberaubend. Angesichts dieser üppigen und doch maßvoll inszenierten Darbietung kann man verstehen, daß sich die Florentiner für die kultiviertesten Italiener halten.

Der verführerischste Teil der Blumenschau, wenigstens für den Gartenliebhaber aus kühleren Klimazonen, ist die Ausstellung der Zitruspflanzen. Hier kann der Gartenfreund Zitronen-, Orangen- und Mandarinenbäumchen in jeder nur erdenklichen Größe erstehen, vom Heister bis zum fertig gezogenen Exemplar. Ich fahre in meine nördlichen Gefilde zurück mit dem festen Entschluß, dieses bezaubernde Zusammenspiel von Früchten, Blattwerk und Düften zu Hause nachzuahmen. Und das Verlangen, wenigstens eine kleine Pflanze im Koffer zu verstauen und auf diese Weise etwas charakteristisch Toskanisches mitzunehmen, ist unwiderstehlich.

Giardino Corsi
Florenz

Iris Origo (s. S. 69) schreibt in ihrem Buch „The Merchant of Prato" (1957, deutsch 1985 unter dem Titel „Im Namen Gottes und des Geschäfts"), daß „die toskanischen Städte ihre Arme immer weit zur ländlichen Umgebung geöffnet hielten" und daß man „früher kaum sagen konnte, wo das eine aufhörte und das andere begann"; denn die Gärten dehnen sich sowohl im Innern der Stadt als auch außerhalb ihrer Mauern aus. Der Giardino Corsi nimmt die Umwallung ein, die Cosimo I. im Jahre 1530 als den zweiten Verteidigungsring von Florenz errichten ließ. Die Anlagen sind von einer hohen Mauer umgeben und mit den extravaganten Boboligärten verbunden, stellen aber im Gegensatz zu diesen eine schlicht gehaltene Oase der Ruhe dar, in der formale Elemente, wie diese gestutzten Buchsbaumspiralen, neben naturbelassenen Prachtexemplaren der Nußkiefer, Zypresse und Steineiche stehen.

Die hohen Bäume werfen willkommenen Schatten auf diesen Sitzplatz. Von hier aus kann man die anderen Gartenanlagen überblicken, die sich auf dem sanften Abhang bis zu den Fontänen, der *Limonaia* und dem Vogelhaus im Tal erstrecken. Ursprünglich lag hier der vom Architekten Manetti um 1700 entworfene Küchengarten eines Nonnenklosters. Ferdinand III. gestattete, daß überschüssiges Wasser aus den Fontänen der Boboligärten zum Bewässern des Giardino Corsi benutzt wurde.

Villa Corsi Salviati
Sesto Fiorentino

Als der Marchese Giulio Guicciardini Corsi Salviati die Villa im Jahre 1907 erbte, bestand laut Georgina Masson „der Garten aus einem Sammelsurium von Stilreminiszenzen der letzten 300 Jahre". Nach der Restaurierung sind zwei besonders auffällige Anlagen erhalten geblieben: die Reste der 1708 veränderten Wasserterrasse aus dem 17. Jahrhundert und die „Wildnis" im östlichen Teil des Gartens, wo man den ehemaligen *Bosco* etwa um 1868 in der englischen Manier überarbeitet hatte. Zur gleichen Zeit erhielten die Zentralparterres ihr noch heute vorhandenes Dreieck- und Rautenmuster.

Der Marchese schrieb: „Einige Menschen sind geradezu davon besessen, ihre Villen und Gärten radikal neu zu gestalten. Ich kann nur davor warnen; denn indem sie ihre gesamten Anlagen auf eine Stilepoche hin frisieren, tilgen sie die Spuren, die Zeit und Denken hinterlassen haben, und damit das, was das Leben und den Menschen ausmacht." Im Jahre 1922 ließ der Marchese den Garten in seinem Sinne von dem amerikanischen Architekten Harold Donaldson Eberlein restaurieren. Als erstes erstand das formale *aiuole de bossolo* (Buchsbaumparterre) vor der Südfront der Villa neu.

Leider sind die halbkreisförmigen Fischteiche und der lange Kanal auf der Wasserterrasse heute mit Seerosen zugewachsen und bilden keine schimmernden Wasserflächen mehr, die ursprünglich als Kontrast zum angrenzenden Blumenparterre gedacht waren.

Die „Wildnis", deren Baumbestand man hinter dem Parterre sieht, wurde 1935 teilweise in eine formale Anlage zurückverwandelt. Das mittlere Wasserbekken liegt nun auf der Zentralachse, die von dem Brunnen des Hauptparterres ausgeht. Um das Becken herum legte man geviertteilte Beete an, und an der Südseite entstand ein inzwischen scheitelhoher Irrgarten aus Buchsbaum. Eine Rasenbahn für das Bowls-Spiel wurde an seiner ursprünglichen Stelle wiederhergestellt und im Anschluß an die „Wildnis" ein mit Buchsbaumwänden eingefaßtes kleines Theater an der Ostflanke des Grundstücks geschaffen.

Der Springbrunnen im *Cortile* der Villa steht ebenfalls auf der Zentralachse, die vom Theater über die Fontäne im Hauptparterre auf die Villa zu verläuft. Auf diese Weise wird der *Cortile* der ihm seit jeher zugedachten Aufgabe gerecht, das Verbindungsglied zwischen den Garten-„Räumen" und der Wohnung zu sein.

Scarperia

Alle herkömmlichen toskanischen Gärten, ob groß oder klein, verfügen über eine Laube – einen schattigen Sitzplatz mit einfachen Stühlen, einer Bank und einem Tisch, wo man an heißen Sommertagen die Abendmahlzeit einnehmen kann. Die Form dieser Lauben ist unterschiedlich: Von kunstvoll gezogenen Bäumen, deren Blattwerk ein Dach und zwei bis drei grüne „Wände" bilden, bis zu Metallrahmen mit einer Abdeckung aus efeuüberwachsenen Bambusmatten, wie hier, findet man alle möglichen Varianten.

Villa Gamberaia
Settignano

Der bekannteste Teil der Gartenanlagen ist das Wasserparterre, das, von der Loggia aus gesehen, einem persischen Teppich ähnelt. Es ist noch heute wie im 15. Jahrhundert in vier Teile geteilt. Als Prinzessin Ghika kurz nach 1900 die Villa kaufte, ließ sie in einer Art Geniestreich die damals vorhandenen Blumen- und Gemüsebeete durch ein Parterre mit Wasserbecken ersetzen. Die Prinzessin soll immer nur nachts in den ruhigen Gewässern ihres Gartens gebadet haben, da sie ihre Schönheit früh verloren hatte. Nachdem dieses Foto aufgenommen wurde, hat man die krugförmigen Formschnittgehölze auf der linken Seite entfernt und stattdessen Orangenbäumchen in Terrakotta-Urnen dort aufgestellt. Nun wirkt das Parterre größer, und die Eleganz der Gartenstruktur kommt besser zur Geltung.

Vom terrassierten Garten aus hat man nicht nur einen schönen Blick auf das benachbarte Dorf, sondern auch auf die in sommerlichen Dunst gehüllten Kuppeln und Türme von Florenz. Der Garten besteht aus sieben unterschiedlichen Teilen: das Wasser-Parterre, die Grotte, die Zitrus-Terrasse, zwei *Boschi,* eine lange Rasenbahn für das Bowls-Spiel und das Nymphäum. An Bauwerken sind vorhanden: die herrliche Villa im traditionellen toskanischen Stil, eine Kapelle, das Pförtnerhaus und eine *Limonaia* für die Überwinterung der unzähligen Zitrusbäumchen in Kübeln. Eine majestätische Zypressenallee bildet den Zufahrtsweg zur Villa, und – wie schon in der Renaissance – erstrecken sich die Äcker des Dorfes bis unmittelbar an die Gartenmauer.

Im Bereich der Buchsbaum- und Zypressenhecken hat man vor mehreren Jahren Hochstammrosen und Orangenbäumchen gepflanzt und dadurch vertikale Akzente in der umfangreichen niedrigen Buchsbaumflächen gesetzt, von deren irrgartenähnlichem Muster ein geheimnisvolles Fluidum ausgeht. Durch das duftende, bestaubte Laubwerk schimmert die ruhige Oberfläche der Wasserbecken hindurch. Die sich deutlich voneinander abhebenden Oberflächenstrukturen tragen wesentlich zu der Harmonie und der – nur intuitiv erfaßbaren – inneren Bewegtheit der Anlage bei.

Das am Ende des Wasser-Parterres gelegene halbkreisförmige Becken entstand aus dem ursprünglich ovalen Fischteich. Hinter den Arkaden aus gestutzten Zypressen befinden sich eine dichte Hecke und ein Laubengang aus Kletterrosen. Auf diese Weise ist eine halbkreisförmige Loggia entstanden, die – wie Alberti empfahl – Schutz vor kalten Winden bietet. Im Winter kann man hier die Sonne genießen, und zur Sommerszeit finden sich in der Anlage schattige Plätze für Besucher, denen es im sonnendurchfluteten Parterre zu heiß wird.

Die lange Grasbahn, die auf das Nymphäum zuläuft, trennt die Villa und das Parterre von der oberen Gartenterrasse. Auf der einen Seite wird sie von den Mauern der Villa und des Pförtnerhauses, auf der anderen Seite von den Stützmauern der oberen Terrasse gesäumt. Von der Balustrade am anderen Ende des Grasstreifens hat man einen weiten Blick auf Florenz. Im Frühling wirken die Azaleen in ihren Töpfen unter den Zypressen und Steineichen des *Bosco* wie ein glühendes Farbenmeer.

Die verschiedenen Terrassenebenen am Abhang erinnern an die Decks eines Ozeandampfers, und an der Balustrade kommt man sich wie auf einem Schiffsbug vor, wenn das Auge über die Olivenhaine der Bauern hinweg zu den Kuppeln und Türmen von Florenz schweift.

Etwa in der Mitte der Grasbahn, und zwar gegenüber dem Hintereingang der Villa, trifft man auf die Grotte. Zu beiden Seiten des Brunnens führen Treppen zur Zitrus-Terrasse und einem weiteren kleinen *Bosco* aus Steineichen empor. Die Grotte ist, wie das Nymphäum, mit dem traditionellen Kieselsteinmosaik, einem Stuckrelief und Bossenwerk aus Tuffstein sowie Stalaktiten verziert. Einheimische Handwerker, die noch über die erforderlichen Fachkenntnisse verfügen, haben beide Einrichtungen kurz nach 1950 tadellos restauriert.

Während des Zweiten Weltkriegs setzte die deutsche Wehrmacht die Villa in Brand, und alliierte Bombenflugzeuge verwüsteten den Garten. Der inzwischen verstorbene Dr. Marchi erwarb den Besitz kurz nach Kriegsende und begann sofort mit der Wiederherstellung. Viele scheinbar vernichtete Hecken und Bäume trieben neu aus und erleichterten damit die Restaurierung der Anlagen. Mit großer Sorgfalt versuchte man, die Struktur des 18. Jahrhunderts und die Details, z. B. in der Grotte, zu erhalten. Heute ist der Besuch des Gartens von Gamberaia ein unvergeßliches Erlebnis. Er vermittelt einen instruktiven Überblick über die Geschichte der Landschaftsgestaltung in der Toskana einschließlich der Einflüsse, die von hier auf Mitteleuropa und Amerika ausgegangen sind.

Villa Capponi
Arcetri

Dieser bezaubernde, der Öffentlichkeit nicht zugängliche Garten ist ein weiteres Beispiel für eine perfekt erhaltene toskanische Anlage des 16. Jahrhunderts. Als Gino Capponi die Villa im Jahre 1572 erbaute, legte er besonderen Wert darauf, daß nichts den atemberaubenden Blick auf Florenz und das Arnotal beeinträchtigte, und daß Luft und Sonne überall ihre heilsame Wirkung entfalten konnten. Es gibt mehrere unterschiedliche Gartenbezirke, z. B. eine Zitrus-Terrasse und den Senkgarten unterhalb des eleganten Mauergartens, eine Zutat des 20. Jahrhunderts (links). Die einzelnen Garten-„Räume" werden von einem breiten Grasstreifen längs der Villa zusammengefaßt.

Ähnlich wie in Gamberaia galt die Grasbahn auch in dieser Villa als ein wichtiger, gesundheitsfördernder Gartenbezirk. Hier konnte die Familie das Bowls-Spiel und andere Sportarten pflegen oder während eines Spaziergangs die frische Luft genießen. Außerdem diente die Grasfläche dazu, die Garten-„Räume" zugänglich zu machen, etwa so wie ein Korridor die Wohnräume miteinander verbindet.

Dieser Garten-„Raum“ ist das Musterbeispiel eines *Giardino segreto*. Die mit Glyzinen, Jasmin und Rosen berankten und von der Sonne erwärmten Mauern schließen die buchsbaumgesäumten Beete, auf denen ausschließlich ungefüllte Dahlien wachsen, von der Außenwelt ab. Ursprünglich konnte man diesen Gartenbezirk nur durch einen unterirdischen Gang von der Villa aus erreichen. Man darf daher vermuten, daß die Bewohner hier an kalten, aber sonnigen Wintertagen in den Anlagen lustwandelten.

Villa Palmieri
Fiesole

Der Garten dieser Villa aus dem 15. Jahrhundert soll Boccaccios Beschreibung im Decamerone-Kapitel „Der dritte Tag“ zugrunde liegen. Die Damen und Herren seiner Erzählung hatten hier Zuflucht vor der Pest gesucht. Durch die Anlagen zogen sich „Laubengänge aus Wein, Rosen und Jasmin“. In der Mitte umgab eine Wiese, „die mit tausend verschiedenen Blumen übersät und von Zedern und Orangenbäumen eingefaßt war, einen Marmorbrunnen, dessen Wasser eine Reihe von Kanälen und Kaskaden speiste. Der Anblick dieses Gartens, seine Form und Ausstattung entzückte sie dergestalt, daß sie sich im Paradies wähnten, wenn es denn ein solches auf Erden gibt“.

Marco Palmieri, dessen Verwandter Matteo eines der Glanzlichter im Platonischen Zirkel Cosimos I. war, kaufte die Villa im Jahre 1454. Kurz nach 1760 ging sie in den Besitz eines kultivierten Engländers, des dritten Earl Cowper, über, der die Künste und Wissenschaften förderte. 1874 übernahm der Earl of Crawford and Balcarres, ein weiterer Engländer, das Anwesen. Dieser restaurierte und „verbesserte den Garten" – wie er schrieb – „so daß sich in den Anlagen die Schönheit eines italienischen Gartens mit der Gepflegtheit und Ordnung eines englischen Wohnsitzes paarte". Von dieser in der Tat „gut geordneten" Terrasse hat man einen bezaubernden Blick auf die weiten Rasenflächen, die mit Solitärbäumen bepflanzt sind.

Dieser entzückende ovale Zitrus-Garten stellt den ältesten Teil der ursprünglichen Anlagen dar, die Lord Crawfords „Verbesserungen" nicht zum Opfer gefallen sind. Er wurde 1697 von Palmiero Palmieri in Auftrag gegeben und ist auf einem anschaulichen Kupferstich Zocchis aus dem 18. Jahrhundert dokumentiert. Norah Lindsay, die englische Gartenarchitektin und Bekannte von Lawrence Johnston aus Hidcote Manor, heiratete den Neffen des Earl. Sie verfügte über eine gründliche Kenntnis der italienischen Gartenkultur und versah daher nicht nur ihren eigenen Garten in Sutton Courteney Manor bei Oxford mit italienisierenden Strukturelementen, sondern auch andere von ihr entworfene Anlagen, wie zum Beispiel Vita Sackville-Wests ersten Garten in Long Barn.

Von der Terrasse überblickt man den barocken Zitrus-Garten und den daran angrenzenden viktorianischen Landschaftspark. Königin Viktoria besuchte den Earl zweimal, zuerst 1888, als sie eine Zypresse pflanzte, und dann 1893.

Riposo dei Vescovi
Fiesole

Der einst großartige Garten dieser Privatvilla wurde kurz vor 1930 von dem holländischen Maler Nieuwenkamp angelegt. Der Künstler hatte sich der Kolonie ausländischer Villenbesitzer auf den Hügeln von Fiesole angeschlossen und wollte hier seinen Traum von Italien verwirklichen. Wie andere Neuankömmlinge auch restaurierte er den Garten im traditionellen toskanischen Stil, indem er eine Reihe von Garten-„Räumen“ entlang einer zypressenbestandenen Hauptachse schuf und als Aussichtspunkt eine mit Glyzinen bewachsene Loggia baute. Im Frühling entfalten die weiß- und bläulichrotblühenden Varietäten ihre Farbenpracht.

Pergolen mit Banks-Rosen, gestutzter Buchsbaum sowie Hecken bilden formale Schmuckelemente in den Garten-„Räumen“, deren frühere Rasenflächen sich in Teppiche von Wildblumen und ungeschnittenem Gras verwandelt haben. Leider sehen viele neu angelegte Gärten ungepflegt aus, da den Besitzern die Arbeitskräfte zu teuer geworden sind, die eigentlich die Formschnittgehölze Zentimeter für Zentimeter stutzen und die oft komplizierten Parterres in Ordnung halten müßten. Aber selbst im Zustand des Verfalls schimmert noch überall die frühere Schönheit und Pracht durch und läßt manchem kühlen Mitteleuropäer das Herz höher schlagen.

Die Villa wurde auf dem Grundstück einer alten Posthalterei erbaut, wo Bischöfe die Reise von Florenz nach ihren Sommervillen in der Umgebung unterbrachen und die Kutsche wechselten. Die verschiedenen Terrassen folgen der Gliederung des Abhangs und bieten schöne Ausblicke auf den Garten. Die terrassierten Anlagen gruppieren sich um die abgebildete Zentralachse. Ein Brunnen in der Mitte der Achse ist mit fernöstlichen Motiven geschmückt – ein Hinweis auf Nieuwenkamps enge Beziehungen zu Niederländisch Ostindien.

Via Volterrana

In einem *Orto di famiglia* – oder Küchengarten – an der alten Landstraße nach Volterra, unmittelbar am Ausgang der Stadt, erinnerten mich Zwiebeln, Knoblauch und breitblättrige Petersilie an Iris Origos Beschreibung von Margheritas Küchengarten in ihrem Buch „The Merchant of Prato" (s. auch S. 89): „Mit Zwiebeln und Knoblauch würzte man fast alle Speisen. Der letztere diente auch zur Zubereitung der *Agliata*-Soße, und wie es bei einer klugen Hausfrau nicht anders sein konnte, hatte Margherita viel Minze, Fenchel, Thymian, Majoran und Rosmarin in ihrem Garten." Die *Orti di famiglia* haben sich in den vergangenen 500 Jahren kaum verändert: Jedes Beet ist nur mit einer Gemüse- oder Kräuterart beflanzt; Obst- und Olivenbäume beschatten die Rabatten, und Rosen sind allgegenwärtig.

Via Vecchia Fiesolana

Wir waren durch die Blütenpracht der exotischen *Albizzia julibrissin,* die über der hohen Gartenmauer sichtbar war, auf diesen *Orto di famiglia* aufmerksam geworden und wurden vom Besitzer herzlich willkommen geheißen. Dieser nutzte jeden Quadratzentimeter für Blumen und Gemüse. Um die Beete führte ein mit Kräutern und Blütensträuchern gesäumter Pfad. An den Mauern des alten Hauses entlang standen Töpfe voll Basilikum, Buchsbaumstecklingen und Gemüsesämlingen.

Villa Schifanoia
Fiesole

Die im 16. Jahrhundert entstandene Villa ging 1927 in den Besitz von Myron C. Taylor über, der während der Amtszeit von Papst Pius XII. amerikanischer Botschafter beim Heiligen Stuhl war. Taylor restaurierte die Villa von Grund auf, um seine Kunstsammlung dort unterzubringen, und schuf den ausgedehnten Garten auf den sanften Abhängen des Grundstücks. Die Anlage besteht aus drei Terrassen mit eleganten Buchsbaumparterres sowie Wasserbecken und Fontänen.

Der kleine Seerosenteich auf der obersten Terrasse markiert eine Abzweigung von der Hauptachse. Hier kann man entweder zu dem Parterre, das auf der gegenüberliegenden Seite abgebildet ist, oder zu einer weniger prächtigen Anlage auf der unteren Terrasse hinuntersteigen, wo einst eine Fontäne am Treppenaufgang leise Musik erzeugte.

Giardino della Gherardesca
Florenz

Der versteckt gelegene, der Öffentlichkeit nicht zugängliche Park im Herzen von Florenz wurde 1472 als formaler Renaissancegarten einer Villa angelegt, verwandelte sich aber im Jahre 1800 in einen romantischen Landschaftspark englischen Stils. Die damals gepflanzten Solitärbäume – darunter ein wunderbarer Färberbaum, ein schöner *Gingko biloba* und viele eindrucksvolle *Magnolia grandiflora* – befinden sich jetzt in ihrer größtmöglichen Entfaltung.

Auch viele andere Bäume, überwiegend Linden und Steineichen, sorgen für den erwünschten Schatten im Park. Der reizende, von Giuseppe Cacialli entworfene Rundtempel wurde im Jahre 1842 aufgestellt. Pietro Porcinai hat die Anlage kürzlich restauriert und dabei mehr auf den *Genius loci* Rücksicht genommen, als die englischen Landschaftsgestalter damals für nötig erachteten. Daher paßt der Park jetzt besser in das städtische Ambiente als vorher. Dank seiner eifersüchtig gewahrten Privatheit spürt man jedoch durchaus noch etwas von dem geheimnisvollen und romantischen Fluidum vergangener Tage.

San Domenico
Fiesole

Frost oder hohes Alter haben den Stamm dieses Olivenbaums gespalten; aber er treibt von der Basis neu aus. Dieses scheinbar unwichtige Detail vermag dem aufmerksamen Beobachter genausoviel Einsicht zu vermitteln wie die faszinierenden Kompositionen der großen Gärten. Ähnelt die selbsttätige Verjüngung des Olivenbaums nicht dem hartnäckigen Überleben der alten toskanischen Gärten? Trotz vieler schwerwiegender Eingriffe in ihre Struktur haben die Anlagen dank des konservativen Charakters der hiesigen Menschen die Substanz bewahren können. Druck von seiten gewisser „Gesellschaften zur Erhaltung von Natur und Garten" bedurfte es nicht.

Giardino Capponi
Florenz

Dies ist das klassische Beispiel für einen eleganten Zitrusgarten. Er erstreckt sich vor einer interessanten barocken *Limonaia*, wo die Zitrusbäumchen in ihren riesigen Terrakotta-Kübeln den Winter verbringen. Steinsockel entlang der Wege harren der Rückkehr der Pflanzen im Frühling.

Settignano

Etwa sieben Kilometer östlich des Zentrums von Florenz erstrecken sich üppige Sonnenblumenfelder inmitten der Olivenhaine und Weinberge von Settignano. Der ländliche Charme des Ortes und der Blick auf Florenz, den man von hier genießen kann, hat Generationen von Künstlern und Schriftstellern angezogen. In der Villa Buonarotti soll Michelangelo seine Kindheit verbracht haben; Mark Twain schrieb in diesem Dorf „Puddn'head Wilson", und in der Villa I Tatti verwirklichte der Kunsthistoriker Bernard Berenson mit seiner Frau Mary den Traum von einem Leben in Schönheit.

I Tatti, *Settignano*

Bernard und Mary Berenson pachteten I Tatti im Jahre 1906, als der Architekt Geoffrey Scott und der Nationalökonom Maynard Keynes in den illustren Kreis des Kunsthistorikers aufgenommen wurden. Ein Jahr später gesellte sich der Architekt Cecil Pinsent dazu, der gerade die Villa Gattaia in Florenz für Charles Loeser restaurierte. Mary fand Pinsent „ganz nett, wenn auch nicht übermäßig anregend"; aber er muß doch genügend Eindruck auf die Berensons gemacht haben, denn sie übertrugen ihm 1909 die Umarbeitung ihrer Villa einschließlich des Gartens, nachdem ein italienischer Architekt sie im Stich gelassen hatte. Geoffrey Scott sollte ihn unterstützen. Mary schrieb: „Cecils Ideen waren ausgezeichnet, aber seine Kontrolle über die italienischen Handwerker ließ zu wünschen übrig. Geoffrey hatte ausgesprochen guten Geschmack, aber er war oft krank und besaß nicht genug Energie."

Die „Arti-Schocken“, wie die Berensons ihre jungen Architekten nannten, wohnten und arbeiteten während der beiden folgenden Jahre in der Villa. Der Hauptgarten in Form von mehreren untereinander liegenden Terrassen entstand am Südhang der Villa. Man kann ihn von der *Limonaia* aus betreten. Die Terrasse zwischen Haus und *Limonaia* besteht aus buchsbaumgesäumten Beeten mit einer Sommerbepflanzung aus reinweißen Impatiens, während Bäume im Zentrum der Beete das ganze Jahr über vertikale Akzente setzen. Pinsent fertigte von seinen Projekten stets Knetgummimodelle an – ein Hinweis auf die ausgesprochen architektonische Struktur seiner Gartenanlagen. Im Laufe der Zeit entstand eine Anzahl unterschiedlich gestalteter Garten-„Räume“, in deren „Landschaften“ der Hausherr seiner Lieblingsbeschäftigung, dem gemächlichen Auf- und Abschreiten, frönen konnte.

Es gab Zeiten, in denen Mary an Pinsent verzweifelte. „Er ist hemmungslos verschwenderisch und total uneinsichtig. Man kann ihn einfach nicht an die Kandare des gesunden Menschenverstands nehmen.“ Pinsent selbst hielt sich für „praktisch, einfallsreich, mit einer Begabung für das optisch Erfaßbare ausgestattet, aber unfähig zur sprachlichen Formulierung“. Er beherrschte die Prinzipien des Renaissancegartens in vollkommener Weise und benutzte für seine Parterres Originalentwürfe des 15. und 16. Jahrhunderts. Er legte zu beiden Seiten der Terrassen hohe Wände aus gestutzten Zypressen an und ließ die parallel dazu verlaufenden Spazierwege mit Steineichen beschatten. Der stille *Pensile*-Garten hinter der Villa besteht aus einem Buchsbaumparterre, und der dazugehörige schattige Spazierweg wird von immergrünen Sträuchern und rankenden Glyzinen gesäumt.

Sir Kenneth Clark erwähnt in seinen Memoiren, daß Mary Berenson unter dem Einfluß von Cecil Pinsent auf einer noch freien Fläche einen Garten im Barockstil angelegt habe. „Bernard mochte diesen von Anfang an nicht. Er hielt sich nach dem Essen lieber unterhalb der *Limonaia* auf und plauderte dort mit seinen Freunden." Schreitet man vom Hausportal auf die Terrassen hinunter, dann trifft man genau auf die *Limonaia,* durch deren Mitte die Hauptachse des Gartens verläuft. Das Rundportal des Eingangs lenkt den Blick unwillkürlich auf die zu erwartenden Augenfreuden.

Berenson ging zur Entspannung gern in den Hügeln von Fiesole und Settignano spazieren und kannte alle Wege. Jedem gab er einen Namen; u.a. taufte er sie nach Freunden, die zufällig diese entdeckt hatten. Pinsent fügte den formalen Garten mit Hilfe von mehreren Alleen, die er am Rande anlegte, harmonisch in die Umgebung ein. Diese schattigen Wege haben dieselbe Funktion wie die weinbewachsenen Laubengänge und Pergolen in den Medici-Gärten der Renaissance.

Berenson äußerte einmal den Wunsch, daß er I Tatti nach seinem Tode oft als Geist besuchen könne. So sehr liebte der das Anwesen, das – wie er selbst sagte – seine „Bedürfnisse, ästhetischen Ansprüche und Sehnsüchte in vollkommener Weise" repräsentiere. Sein Wunsch wird wohl nicht in Erfüllung gehen. Aber die Portraitbüste sorgt für seine ständige Anwesenheit in dem Garten, den er überaus schätzte. Er schrieb: „Ich habe auch einen Garten. Wenn es nicht in Strömen regnet, gehe ich dort mindestens einmal am Tag spazieren, atme die frische Luft ein, lausche dem Gesang der Vögel und der Musik der Wasserläufe, erfreue mich an den Blumen und Bäumen."

Le Balze
Fiesole

Kurz vor der Fertigstellung von I Tatti erhielt Cecil Pinsent von Charles Augustus Strong, einem amerikanischen Bekannten der Berensons, den Auftrag, eine Villa für ihn in Fiesole zu bauen. Die Arbeiten am Wohnhaus begannen 1912, am Garten 1913 und zogen sich sechs Jahre hin. Da es sich bereits um Pinsents dritten Garten handelte, ist es ihm aufgrund seiner Erfahrung gelungen, Gebäude und Landschaft in einzigartiger Weise aufeinander abzustimmen. Der Garten erstreckt sich am Abhang in Form von zwei parallel verlaufenden horizontalen Achsen, von denen aus die einzelnen Garten-„Räume" zugänglich sind. Die Villa liegt etwa in der Mitte der Längsterrassen. Der von der Loggia des Gästeflügels aus fotografierte Garten-„Raum", den man wegen der schützenden Mauern gern im Winter aufsucht und der daher „Winter-Garten" genannt wird, liegt an der Ostseite der Villa.

Die Mauer unterhalb der Loggia, von der man auf den „Winter-Garten“ blickt, ist mit Sternjasmin (*Trachelospermum jasminoides)* bewachsen. Diese immergrüne Kletterpflanze und die Zitronenbäumchen erfüllen zur Blütezeit nicht nur die ganze Einfriedigung, sondern auch die Zimmer hinter der Loggia mit ihrem süßen Duft.

Betritt man das Grundstück von der Straße, dann trifft man als erstes auf den ehemaligen Orangengarten. Die Bäumchen fielen einem Frost zum Opfer, und Strong ersetzte sie durch Hängepelargonien, die er an Drahtstützen in die Höhe zog. Von hier verläuft die erste Hauptachse des Gartens in westlicher Richtung, und zwar zunächst durch den Winter-Garten“, dann quer zum Eingangsweg und an der Grotte vorbei bis zum *Bosco*. Oberhalb dieser Achse und parallel zu ihr ist ein Weg angelegt, der von einer Pergola mit *Rosa Banksiae* „Lutea“ beschattet wird. Die zweite Achse weiter unterhalb der Villa verbindet den formalen Gartenbereich an der Ostflanke des Grundstücks mit dem „Wildnisgarten“ an der Westflanke und bestand ursprünglich aus einer Folge von offenen und umfriedigten „Räumen“.

Pinsent war auch für die Rocaille-Dekorationen in den von ihm angelegten Gärten verantwortlich. Le Balze ist besonders reich damit ausgestattet. Der Architekt entwarf 1921 zwei Flußgötter, zwei Hermesbüsten sowie vier Portraitbüsten griechischer Philosophen und stellte sie im Garten auf. Auch alle Schmuckelemente der Grotte gehen auf ihn zurück. Er schuf damit im Anschluß an den Orangengarten und den „Winter-Garten“ den dritten formalen Garten-„Raum“ an der Hauptachse. Zu beiden Seiten der Fontäne führen Treppen zu dem höher gelegenen Pergola-Weg hinauf. Die meisten anderen Ornamente im Garten, wie z. B. die Steinmosaiken, Tuffstein- und Stuckreliefs sowie die Stalaktiten, sind ebenfalls Pinsents Werk. Die rautenförmige Plakette rechts von der Fontäne ist sein Selbstbildnis.

Die Hauptachse endet in einem kleinen schattigen Steineichen-*Bosco*, wo man auf eine weitere von Pinsents Grotten trifft. Der Architekt hat die Bäume des *Bosco* im Quincunx-Muster pflanzen lassen und nahm damit bewußt die formale Struktur der Garten-„Räume“ am entgegengesetzten Ende der Achse wieder auf, allerdings ohne die kunstvoll verschlungenen Parterres und die Beetbepflanzung mit Blumen zu wiederholen. Auf diese Weise ergeben sich noch heute harmonische Übergänge von den streng geordneten, architektonisch gegliederten „Räumen“ am Ausgang zur Straße bis zu der natürlichen Landschaft und den Olivenhainen an der entgegengesetzten Grundstücksgrenze.

Heute endet die zweite Achse mit dem iris- und lavendelbestandenen Kiesweg in einer die Perspektive verlängernden Pflanzung aus Zypressen, Olivenbäumen sowie erst kürzlich hinzugefügten Platanen. Der Abhang unterhalb der Villa, der an den Olivenhain grenzt, ist mit Gehölzen bepflanzt, die nacheinander blühen und damit das ganze Jahr über für Farbakzente sorgen, z. B. mit japanischen Zierkirschen, Flieder, *Paulownia fargesii, Acer platanoides* „Crimson King" und *Cotinus coggygria.* In seiner Eigenschaft als Hauptmann der Sektion „Denkmäler und Kunstwerke" der Alliierten Militärregierung in Italien leitete Pinsent die Wiederherstellung des Gartens, der im 2. Weltkrieg zerstört worden war. 1979 vermachte Dr. Strongs Tochter Le Balze der Georgetown Universität in den USA. Die Villa ist strikt privat und kann nicht besichtigt werden.

La Pietra
Florenz

Das Gebäude stammt teilweise noch aus dem 15. Jahrhundert, aber der Garten ist viel jüngeren Datums. Er ist das Ergebnis einer „Toskanisierung" durch Arthur Acton, den Vater des gegenwärtigen Eigentümers Sir Harold Acton. Damals erwarb der erstere das Grundstück und restaurierte die Anlage so, wie sie seiner Meinung nach in der Renaissance ausgesehen haben könnte. Ihm ging es auch darum, ein würdiges Ambiente für seine Sammlung antiker Statuen zu schaffen. Die Zentralachse verläuft vom Haupteingang der Villa in östlicher Richtung durch das Mittelparterre mit dem graziösen Brunnen auf das tiefergelegene Parterre zu.

Die Treppe führt zu dem unteren, amphitheatralisch angelegten Parterre hinab, einem sonnigen Garten-„Raum“ mit gestutzten Buchsbaumhecken und einer mit rotblühenden Glyzinen bewachsenen Pergola an der westlichen Begrenzung. Zu beiden Seiten der Zentralachse folgt nun ein Garten-„Raum“ nach dem anderen. Jeder hat einen eigenen Charakter, aber alle – ob hell oder schattig, von der Sonne durchglüht oder kühl – sind mit schönen Statuen und anderen Schmuckelementen ausgestattet.

In seinem Buch „Die Villen der Toskana“ schrieb Sir Harold: „In keinem anderen florentinischen Privatgarten habe ich Statuen solcher Qualität und Anmut gefunden, seien es nun der einsam in seinem Garten-„Raum“ stehende Riese von Orazio Marinali oder die venezianischen Figuren von Francesco Bonazza, die sich im Freilichttheater versammelt haben, um eine Komödie von Goldoni aufzuführen.“ Wo sich die Wege zum Theater oder zum „Riesen“ kreuzen, stehen weitere beeindruckende Skulpturen. Das Auge folgt gern den perspektivisch gestalteten Durchblicken, denn es wird jeweils mit architektonischen beziehungsweise skulpturalen Kompositionen belohnt, wie hier.

Um der Skulpturensammlung den Rang nicht streitig zu machen, hat der Gartengestalter von Blumenschmuck nur sparsam Gebrauch gemacht. Einige cremeweiße Banks-Rosen, bläulich-violette Glyzinen, rosafarbene Pelargonien und Kletterrosen an den Stützmauern sind zwar vorhanden, aber das beherrschende Strukturelement der Anlagen besteht aus den zu architektonischen Formen geschnittenen Eiben und Buchsbaumpflanzen.

Buchsbaum und Zypressen verbreiten ihren Wohlgeruch; Vogelgesang und das Quaken der Frösche in den Seerosenteichen erfüllen die Garten-„Räume" mit leiser Musik; weicher Rasen und harter Kieselbelag, warmer Stein und kühles Moos, Schatten und Sonne erregen jeweils das Gefühl des Besuchers beim Übergang von einem Augenschmaus zum anderen. Dies ist in der Tat ein sinnenbetörender Garten – ein Ort, der zur Meditation über das Schöne in unserem Leben einlädt.

Der obligatorische *Giardino segreto* besteht hier aus einem von Mauern umgebenen Zitrusgarten an der Nordseite der Villa. Die Zitrusgewächse in den Terrakotta-Urnen sind längs des Weges in den formalen Beeten aufgestellt. Die Beete selbst hat man mit Gemüse bepflanzt.

Via della Fonte
Florenz

In diesem versteckt gelegenen Garten haben sich Ringelblumen, Löwenmäulchen, Levkojen zusammen mit anderen einfachen Blumen auf Wegen und Beeten unter den becherförmig gezogenen Obstbäumen ausgesät und verwandeln den ansonsten eher trübseligen Hof in einen *Hortus conclusus* (eingefriedeten Garten) des 14. Jahrhunderts.

Palazzo Corsini sul Prato
Florenz

Der formale Garten des florentinischen Palastes verbirgt sich hinter hohen Mauern. Niedrige Buchsbaumhecken bilden kunstvolle Muster, deren Zwischenräume mit Heiligenkraut *(Santolina)* bepflanzt sind. Das Grau dieser Staude nimmt den Farbton der Skulpturen längs der Hauptachse des Gartens wieder auf.

Via Guicciardini
Florenz

Der Besitzer des kleinen Gartens inmitten von Florenz hat die Einfassungsmauer geschickt mit archäologischen Fundstücken verziert.

Giardino Torrigiani
Florenz

Das Grundstück ist der Öffentlichkeit nicht zugänglich. Zusammen mit den kleineren Anlagen von Annalena und den ausgedehnten Boboli-Gärten bildet dieser Park einen Grüngürtel um die Porta Romana im Zentrum des Stadtteils Oltranto. Dort wohnen Kunsthandwerker und Händler, die exklusive Geschäfte in Florenz beliefern.

Von der Fürstin Torrigiani erfuhren wir, daß ihre Vorfahren ein ganzes Wohnviertel im Stadtteil Oltranto kauften, die Mieter zum Umzug zwangen und die Häuser einebneten, um Platz für diesen vornehmen Park zu schaffen. Der berühmte Turm entstand auf einem Hügel, den man mit den Trümmern der Häuser aufgeschüttet hatte. Die Schmuckelemente des Turms verweisen auf die Familiengeschichte, und jedes Stockwerk entspricht der Höhe eines bedeutenden Gebäudes in der Stadt, z. B. der Spitze des Doms.

Villa Ginori
Sesto Fiorentino

Die Villa datiert von 1525. Auf dem großen Grundstück befinden sich ein botanischer Garten nebst dem Treibhaus, in dem man früher Ananas und andere exotische Pflanzen zog, sowie ein ausgedehnter Landschaftspark, den der Marchese Carlo Leopoldo Ginori im 19. Jahrhundert anlegen ließ. Er gründete im benachbarten Dorf eine Fabrik, aus der sich die weltberühmte Porzellanmanufaktur Ginori entwickelt hat.

Der älteste Teil des Gartens entstand zwischen 1616 und 1620, als Lionardo Ginori in der Nähe der Villa formale Beete anlegte und sie mit Wildblumen und Kräutern bepflanzte, um daraus Medizin herzustellen. Die Beete haben viel von ihrem ursprünglichen Charakter bewahrt. Noch heute sind sie im typisch toskanischen Stil mit Orangen- und Zitronenbäumchen in Terrakotta-Urnen geschmückt.

Villa Villoresi
Sesto Fiorentino

„An einer Seite meines Hauses lag inmitten von schützenden Mauern ein ziemlich vernachlässigter, aber entzückender kleiner, quadratischer Garten. Die Beete und Wege waren in einem schlichten formalen Muster angelegt, das der Unkrautwildnis eine gewisse Würde verlieh. Würdevoll sahen auch die Terrakottakübel mit den kräftigen, gut gezogenen Zitronenbäumchen aus – der Stolz jedes toskanischen Bauern. Die Zitronenblüten erfüllten die Luft mit ihrem Wohlgeruch. Viele Bauern bieten die blassen Früchte den ganzen Sommer über in der Stadt an. Statt der empfindlichen Orangen, die man so oft auf den Terrassen in England findet, sollten wir uns für die härteren Zitronenbäumchen in Töpfen entscheiden," schrieb Mrs. Earle 1899 in ihrem Buch „Noch mehr Potpourri aus einem Garten in Surrey". Hat vielleicht der rechts abgebildete Garten sie zu diesen Ausführungen angeregt?

Il Roseto
Florenz

Der im Jahre 1965 entstandene Garten ist die berühmteste Schöpfung des Landschaftsarchitekten Pietro Porcinai, dessen Gestaltungsprinzipien stark vom humanistischen Denken der Renaissance beeinflußt sind. Sein Ideal ist die Harmonie zwischen dem Menschen und dessen Umgebung, und daher herrscht in seinen Gärten stets die Ruhe und heitere Gelassenheit, die wir aus den alten toskanischen Anlagen des 15. und 16. Jahrhunderts kennen. Von der Villa und dem formalen Parterre aus öffnet sich ein Panoramablick sowohl auf die ziemlich entfernt liegende Stadt als auch auf die natürliche Landschaft des Val d'Ema, deren optischer Rahmen von dem extra zu diesem Zweck angelegten Rosengarten und einem Olivenhain gebildet wird.

Die geometrischen Formen des Renaissance-Parterres sind hier von modernen Bogenstrukturen der Buchsbaumhecken sowie von kreisförmigen Grasflächen und Brunnenbecken ersetzt worden. In einem dieser Rundbeete steht das Prachtexemplar einer Steineiche. Platanen an der Grundstücksgrenze rahmen den Blick auf die Stadt ein. Entwurf und Ausführung dieses *Pensile*-Gartens sind trotz der modern scheinenden Interpretation aus echtem Renaissancegeist entstanden.

Man betritt den Garten von der Straße aus durch eine mit Wein bewachsene Pergola, die zum Parkplatz unterhalb des Parterre-Gartens führt. Die Betondecke dieser geräumigen „Garage“ besteht aus mehreren kuppelartigen Ausbuchtungen und ist mit kreisförmigen Kieselstein-Mosaiken verziert, die das Buchsbaum- und Grasflächenmuster des darüberliegenden Gartens wiederaufnehmen. Die steinerne Wendeltreppe ist an Stahlträgern aufgehängt und verbirgt sich teilweise hinter einem Efeuvorhang.

Fratelli Masini
Impruneta

Mit Orangen- und Zitronenbäumchen bepflanzte Urnen, Kübel oder Töpfe aus Terrakotta sind seit dem Mittelalter ein charakteristisches Merkmal der toskanischen Gärten, und die uralte etruskische Siedlung Impruenta ist von jeher das Zentrum der Topfherstellung. *Quadro* oder Quaderform (Backsteine, Ziegel) und *Tondo* oder Rundform (Urnen usw.) wurden bis vor kurzer Zeit von mehr als zwanzig Firmen produziert. Augenblicklich sind es nur noch sechs, und die Gebrüder Masini fertigen als einzige ausschließlich *Tondo* an. Die Töpfe werden handgeformt, indem man entweder die Masse über eine Form breitet oder vorgeformte Teile zusammensetzt. Der Rohton wird in den Hügeln der Umgebung gegraben und anschließend pulverisiert. Der mit Wasser versetzte Staub oder *Terra* ergibt dann die formbare Tonmasse.

Der *Tondo* wird unter ständiger Aufsicht zwei Tage lang im holzbeheizten Ofen bei 960–970 °C gebrannt. Zur Vermeidung von Sprüngen müssen die Werkstücke vier bis sieben Tage lang gleichmäßig abkühlen. Die Arbeit ist mühsam und wird schlecht bezahlt. Man bangte daher vor nicht langer Zeit um den Fortbestand des alten Handwerks, nachdem viele Arbeiter die Altersgrenze erreicht hatten und der Nachwuchs spärlich wurde. Aber die Lage scheint sich inzwischen gebessert zu haben, denn man konnte eine Ausbildungsstätte für Lehrlinge eröffnen und das befürchtete Ende noch einmal hinausschieben. Was wären auch die toskanischen Gärten ohne die schönen Terrakottagefäße!

Anmerkungen des Fotografen

Bevor ich den Auslöser meiner Kamera bediene und lange bevor ich mir den Kopf über die geeignete fotografische Ausrüstung zerbreche, muß ich mich gründlich mit dem abzubildenden Objekt vertraut gemacht haben. Die harmonische Zusammenarbeit mit einem gut informierten Textautor ist dabei sehr hilfreich. Und ich darf dankbar feststellen, daß das Teamwork in diesem Falle ideal war.

Die Landschaft der Toskana, die es zu beschreiben und zu fotografieren galt, ist ohne die hier lebenden Menschen nicht denkbar; denn jahrhundertelang haben diese ihre Umgebung geformt und dem überaus abwechslungsreichen Gelände eine Vielzahl geometrischer Muster aufgeprägt: vom Bergland des Apennins und der Apuanischen Alpen – pockennarbenartig übersät mit den berühmten weißen Marmorbrüchen – hinunter zu den Hügeln von Siena, deren Weinberge und Olivenhaine von einem zeichnerischen Genie entworfen zu sein scheinen, und noch weiter hinunter in die sanften, grünen Täler der Gegend um Lucca. Überall ist das Land in unzählige kleinere und größere Grundstücke eingeteilt; viele haben ihre endgültige Form bereits in einer weit zurückliegenden Vergangenheit erhalten, und die meisten weisen einen Garten oder Park auf, sei er nun ausgedehnt oder winzig, monumental oder intim.

Will man als Fotograf wenigstens einen schwachen Abglanz von der poetischen Schönheit der Gärten vermitteln, müßte man Stunden um Stunden in ihnen verweilen können, um den richtigen Augenblick nicht zu verpassen: wenn nämlich die Sonne tief genug am Horizont steht, der Himmel im erwünschten Maße durch Wolken belebt wird und das Licht im richtigen Winkel einfällt und nicht zu hart, aber trotzdem genügend stark ist, um die in jedem Garten unterschiedlichen architektonischen Formen der Bäume und Pflanzen klar genug herauszumodellieren.

Leider ist das nicht immer möglich. Die Fotografiererlaubnis erhält man oft Tage, wenn nicht Wochen im voraus, und dann nur für eine begrenzte Zeit, manchmal wirklich nur für eine Stunde. Es ist nutzlos, die Göttin Fortuna um Hilfe anzuflehen: Sie ist blind und – wenn eine ganze Herde von Fotografen gleichzeitig um ihre Gunst buhlt und zu allem Überfluß auch noch Extrawünsche in Bezug auf besondere Objekte anmeldet – auf beiden Ohren taub.

Angesichts solcher Einschränkungen meiner Arbeit und eingedenk der zwar oft angenehmen, aber in dem schwierigen Gelände nicht immer leichten Eilexpeditionen von einem Aufnahmeort zum andern, um noch beim richtigen Sonnenstand anzukommen, schien es ratsam, mich auf kleinformatige und leicht bedienbare Kameras zu beschränken.

Als die geeignetste erwies sich die Leica M5 mit 21 mm-, 35 mm- und 50 mm-Objektiven. Im Gegensatz zu einer einäugigen Spiegelreflexkamera ist die Leica keiner Vibration ausgesetzt, denn sie hat keinen Spiegelmechanismus, und die Blende läßt sich vor der Aufnahme einstellen. Ich konnte daher ohne Stativ mit niedriger Verschlußgeschwindigkeit bis hinunter zu 1/15 Sekunde arbeiten. In einigen Fällen benutzte ich eine Pentax XL, um ein 40 mm-Pentaxobjektiv einsetzen zu können, das der Perspektive des menschlichen Auges am nächsten kommt. Außerdem ließen sich Teleobjektive leichter an diese Kamera anschließen als an die Leica M5.

Meistens verwendete ich Kodachrome Professional Film mit 25 ISO beziehungsweise 64 ISO. Im Herbst allerdings setzte ich wegen der schlechteren Lichtverhältnisse Ektachrome Professional Film 100 ISO ein, den ich im Labor auf 200 ISO entwickelte. Auf diese Weise konnte ich mehr abblenden, erreichte eine größere Tiefenschärfe und zudem wärmere Farbtöne. Einige Male mußte ich ein Stativ benutzen.

Da mein Hauptanliegen darin bestand, die Atmosphäre in den Gärten möglichst deutlich wiederzugeben, habe ich mir nicht viele Gedanken um die räumlichen Verzerrungen gemacht, die notgedrungen beim Einsatz von Weitwinkelobjektiven entstehen. Wenn ich allerdings der Meinung war, daß Verzerrungen bei einem bestimmten Motiv störend wirken würden, habe ich mit der verstellbaren Silvestre – 6 x 7-Kamera und einem 47 mm-Schneiderobjektiv gearbeitet. Diese Kamera bot mir den zusätzlichen Vorteil, daß ich den Bildaufbau sorgfältig planen konnte.

Besichtigungsmöglichkeiten

Viele der in diesem Buch vorgestellten Gärten sind streng privat, und die Autoren bitten die Leser darum, dies zu respektieren. Die unten aufgeführten bedeutenden Gärten sind jedoch der Öffentlichkeit zugänglich. Die Öffnungszeiten sind im allgemeinen 9–12 Uhr und 14–16 Uhr. Gärten, die der Comune gehören (sie sind in der Liste mit (c) gekennzeichnet), sind gewöhnlich an einem Wochentag, meistens montags, geschlossen. Der Eintrittspreis ist unterschiedlich. Auskunft erteilen die Touristenagenturen.

Florenz und Umgebung	Giardino di Boboli, Florenz (c) Parco Demidoff, Pratolino (c) Villa Gamberaia, Settignano Villa Medici, Castello (c) Villa Medici, Fiesole Villa Petraia, Castello (c) La Pietra, Florenz Giardino delle Rose, Florenz (c)
Siena und Umgebung	Orti Leonini, San Quivico d'Orcia (c) Palazzo Piccolomini, Pienza
Lucca und Umgebung	Villa Garzoni, Collodi(c) Villa Mansi, Segromigno Villa Torrigiani, Camigliano

Bei dem Reiseunternehmen Agriturist (Piazza S. Firenze 3, Florenz, Telefon 281838) kann man von April bis Juni ausgezeichnete Besichtungsfahrten zu den wichtigsten Gärten in der Umgebung von Florenz und Lucca buchen. Der Firmenprospekt ist bei der o. a. Adresse sowie bei allen Reisebüros in Florenz und den meisten Hotel-Rezeptionen erhältlich.

Bibliographie

Acton, Sir Harold *The Villas of Tuscany,* Thames and Judson, revised ed. 1987

Berenson, Bernard *Sketch for a Self-Portrait,* Constable, 1949; *Sunset and Twilight,* Hamish Hamilton, 1964

Clark, Sir Kenneth *Another Part of the Wood,* John Murray, 1974

Frith, Ian J. W. 'Porcinai; Renaissance in the Italian Garden', *Landscape Architecture,* vol. 72 no. 2, 1984

Jellicoe, Sir Geoffrey 'Italian Renaissance Gardens' *Journal of the Royal Society of Arts,* 6 Feb., 1953; *Italian Gardens of the Renaissance,* Ernest Benn, 1925

McCarthy, Mary *The Stones of Florence* Heinemann, 1959

Masson, Georgina *Italian Gardens,* Thames and Hudson 1961; *Italian Villas and Palaces,* Thames and Hudson, 1959; 'Florentine and Tuscan Gardens', *Apollo,* vol. 100 no. 151, 1974

Origo, Iris *Merchant of Prato,* 1957; *Images and Shadows,* Century, 1984

Strachey, Barbara and Samuels, Jayne ed. *Mary Berenson; a Self-Portrait,* Victor Gollancz, 1983

Walker, D. S. *A Geography of Italy,* Methuen, 2nd ed., 1967

Wharton, Edith *Italian Villas and Their Gardens,* Century, New York, 1904

Register